Bullshit Bingo
Storytelling für Werbetexte

von Albert Heiser

Creative Game Verlag Berlin www.creativegame.de

ISBN 978-3-9809718-0-5

Gestaltung: Gianluca Torini, Lektorat: Anna E. Vogler

Bingo

Inhalt

Achtung

Sie lesen einen Werbetext. Er wird Ihr weiteres Denken, Handeln und Schreiben beeinflussen. Leider ist er nur zum Teil gut. Welchen Teil streichen Sie?

Blättern Sie vor Ihrem geistigen Auge die Magazinseiten um und lesen Sie mit: *„Qualität ist unsere Devise." „Für höchste Ansprüche." „State of the Art." „Die Wahl der Vernunft." „Komplettlösungen und Effizienzsteigerungen." „Technologien von morgen." „Qualität, die man schmeckt." „100% Guest Satisfaction Guarantee." „Value for money." „Sofort-glatt-Effekt", „Schönheitsgarantie", „Digestivum-Essensis-Kulturen." „Spitzenqualität hat bei uns oberste Priorität." „QuietComfort Acoustic Noise Cancelling Headphones." „Wir legen allerhöchsten Wert auf Optimierungspotenziale." „Unsere Qualitätsstandards sind von Beginn an die konsequente Richtschnur aller Prozesse." „Faszination erleben, Ziele erreichen!"*

Die Zeilen sind weichgespült, irgendwie austauschbar. Das haben Sie doch alles schon einmal gelesen, oder?

Die Wirkung kommt der einer Gehirnwäsche gleich. In dieser Fülle fühlt sich Text wie Zahnschmerz an: Hohl und Auah! Dabei ist das nur die Spitze der geistigen Umweltverschmutzung — typisch Reklame.

Welcher Teil dieser Werbetexte ist nun gut und welcher schlecht?
90 Prozent der deutschen Werbetexte sind Bullshit. Lesen Sie Werbebriefe, Produktdatenblätter, Anzeigen, Broschüren, Flyer oder lesen Sie im Internet nach. Es wird keine Phrase ausgelassen und in jede Worthülse hineingetreten. Warum? Weil viele glauben, diese Texte würden verkaufen und müssten so sein. Tatsache ist, dass nur bessere Gestaltung besser verkauft.

In den Papierkorb damit
Die meisten Werbetexte will man gar nicht lesen, denn es steht kaum etwas drin, was lesenswert wäre. Dem Leser ist spätestens nach dem ersten Satz klar, dass dies Bullshit ist, und steigt aus. Ende der Werbegeschichte.

Guter Text ist gute Story
Wenn im Werbetext nur noch Bullshit steht, wird das kein überzeugender Text, den Du liebst. Bessere Texte erzählen. Geschichten zielen auf die Produktfaszination und das Markenimage. Erzählen und berühren statt beschreiben und erklären ist ein Weg aus der Textkrise.

Bullshit Bingo führt Sie Schritt für Schritt zum guten Text. Angefangen bei der Headline bis zum Fließtext. Dabei konzentriert es sich im zweiten Teil auf den Langtext. Seite für Seite erfahren Sie, wie man bessere Texte gestaltet. Im Zentrum der Überlegungen stehen das Storytelling und die Erzähltechniken fürs Schreiben, denn spannende Texte werden lieber gelesen, besser erinnert und überzeugen Leser.

Kein Bullshit

Storytelling lässt sich auf alle Textsorten anwenden, wie z.B. Print, Online, TV- oder Werbefilm. Die zahlreichen Übungen verdeutlichen, wie man bessere Geschichten schreibt.

Die Kreativtechniken fürs Storytelling verfolgen spielerische Ansätze. Manchmal sind die *Creative Games* Abwandlungen bestehender Techniken, ein anders Mal Verbesserungen und kleine Erfindungen. Die *Creative Games* sind Neuronengymnastik für Anfänger und Fortgeschrittene. Sie führen sicher und schnell zum Storytelling und wurden in Text-Trainings mit Laien, Textern, Vertriebs-, Marketing- und Kommunikations-Mitarbeitern erfolgreich getestet.

Bingo

Das vorliegende Buch enthält den Konstruktionsplan für bessere Storys. Es steigert sich langsam in seiner Komplexität, besitzt jedoch keinen Anspruch auf Vollständigkeit. Es präsentiert nur, was Sie brauchen. Nicht mehr und lieber weniger. Es bleibt an vielen Stellen knapp gefasst, weil es gängige Diskussionen nicht wiederholt und es hervorragende Bücher zur Vertiefung einzelner Aspekte bereits gibt. Ich empfehle alle und einige im Speziellen. Achtung, dies ist keine literaturwissenschaftliche Abhandlung zur Texttheorie.

Falls Sie nicht schreiben

wollen oder müssen, hilft Ihnen das Buch bei der Beurteilung von Texten. Wenn Sie zwischen den Zeilen lesen, werden Sie viele Diskussionen über die Beurteilung und Moderation von Textgestaltung wiedererkennen. Bullshit Bingo gibt Entscheidungshilfen und stellt Argumente für den Text-Alltag zur Verfügung.

Versprochen. Sonst Geld zurück

Wenn Sie das Buch gelesen haben, werden Sie besser schreiben, beurteilen und Textentwicklungen moderieren können. Viele Wege führen zum guten Auftragstext. Dieser ist direkt, schnell und voller Ideen.

Albert Heiser

Erst tut es weh, und danach spielen wir

Dienstagfrüh 7.00 Uhr. Sie liegen noch im Bett. Ihr Boss ruft an: *„Qualitätsstandards sind unsere konsequente Richtschnur. Wir sehen das Kernzahlensystem insbesondere vor dem Hintergrund der Elektrifizierungs-Strategie für die Mobilität von morgen.“* Jetzt sind Sie wach.

Würden Sie diesen Text frei geben?
Dienstagfrüh 9.30 Uhr. Sie sitzen am Schreibtisch und lesen einen Text, den Sie frei geben sollen. *„Sehr geehrte Damen und Herren, profitieren Sie von unseren kurzen Lieferzeiten und technologischen Entwicklungen. Unsere Experten informieren Sie über Innovationen und Sicherheitsstandards. Spitzentechnik ist unser Know-how.“* Irgendetwas fehlt Ihnen noch, denken Sie.

Das geht besser
„Sehr geehrte Damen und Herren, profitieren Sie von unseren kürzeren Lieferzeiten und den neuesten technologischen Entwicklungen von Morgen. Unsere Experten informieren kompetent

und höchst professionell über exklusivste Technik. Neue Innovationen und höchste Sicherheitsstandards sind unsere Erfolgsformel. Spitzentechnik ist unser Know-how." Schon besser, oder?

Pimp up my Copy

Geben Sie den Text jetzt frei? Nein, immer noch alles Bullshit. Was schlecht ist, kann man mit Adjektiven, Superlativen und Floskeln nicht besser machen. Man muss es neu schreiben. Es fehlt schlicht und ergreifend die Idee, die Story und die Textperspektive.

Weiter im Text

Wir legen den Text erst einmal beiseite und lesen, was die Konkurrenten schreiben. Sie nehmen ein Magazin in die Hände. Auf den Seiten 12 und 13 blättern Sie eine doppelseitige Anzeige auf. Die Abbildung: Vier lustige Beinpaare liegen mit Socken im Gras. Headline: *„Jedes vierte Paar Socken in Deutschland stammt von uns."* Guter Text, guter Bild-Text Bezug.

Lesen Sie laut vor

Im Fließtext, auch Copy genannt (Das Wort kommt von Copywriter/Werbetexter), steht: *„Hätten Sie´s gewusst? Private und gewerbliche Kunden erleben bei uns das volle Leistungsspektrum des Handels – mit Sortimenten, die in punkto Vielfalt, Qualität und Preis keine Wünsche offen lassen. Unser Erfolg basiert dabei auf der konsequenten Orientierung an den Erwartungen der Kunden. Mit dieser Strategie haben wir uns zu einem der größten und erfolgreichsten Handelsunternehmen weltweit entwickelt. Die*

Group ist in 20 Ländern mit mehr als 140.000 Mitarbeitern tätig. Sie steht für umfassende Handelskompetenz, Internationalität und hohe Innovationskraft. Erleben Sie die faszinierende Welt des Handels."

Das hört sich doch gut an. Das möchte man Dienstagfrüh 9.45 Uhr über sein Unternehmen lesen. Diesen Text können Sie leider nicht mehr frei geben. Er wurde bereits veröffentlicht. Aber ist er gut?

Wir blättern weiter

Einige Seiten später lesen Sie die Employer Branding Anzeige eines Automobilzulieferers an Jungakademiker/Innen.

In der Copy steht: *„Der Konzern ist einer der weltweit führenden Zulieferer der Automobilindustrie. Als Anbieter von Bremssystemen, Systemen und Komponenten für Antrieb und Fahrwerk, Instrumentierungen, Infotainment-Lösungen, Fahrzeugelektronik, Reifen und technischen Elastomerprodukten trägt das Unternehmen zu mehr Fahrsicherheit und zum Klimaschutz bei. Der Konzern ist darüber hinaus ein kompetenter Partner in der vernetzten, automobilen Kommunikation. Für Sie ergeben sich daraus vielfältige Möglichkeiten, Ihre Karriere anzukurbeln – in einer Atmosphäre, die durch Offenheit, flache Hierarchien, Internationalität und Eigenverantwortlichkeit geprägt ist. Möchten Sie bei uns einsteigen? Hier geht es zum High-Performance Team."*

Was ändern Sie?

Der Text beschreibt das Unternehmen in den höchsten Tönen und vertraut darauf, dass es Jungakademikern/Innen imponiert. Aber spricht er zu den potentiellen Bewerbern, die nach der Uni eine Karriere planen?

Ein anderes Unternehmen schreibt auf der nachfolgenden Seite des Magazins an die gleiche Zielgruppe: *„Wenn´s einfach wäre, bräuchtet ihr uns nicht.“* Im Vergleich zu vorher spricht hier die Zielgruppe. Der Text hat seinen Blickwinkel und die Perspektive auf das Thema gewechselt. Die veränderte Textperspektive verändert auch die Tonalität. Der Text tönt gleich ganz anders, und die Haltung des Unternehmens passt sich stärker der Zielgruppe an. Das Imponiergehabe weicht der Zielgruppenperspektive. Die StudentInnen werden mit einbezogen. Der Text wirkt emotionaler. Er spricht der Zielgruppe aus dem Herzen und erreicht somit deren Einstellungen und Motive.

Es geht noch schlechter

Hier spricht ein junger Mitarbeiter auf einer Internetseite zu Jungakademikern. Ein Testimonial, das die potentiellen Hochschulabsolventen in ihrer Entscheidung für das Unternehmen beeinflussen soll. *„Bei der Entwicklung innovativer Lösungskonzepte für die technischen Anforderungen unserer Kunden finde ich die Herausforderungen, die meinen Neigungen voll entsprechen. Individuelle Mitarbeiterförderung und Karriereplanung sind ganz wichtig. Die Zusammenarbeit mit den überwiegend technischen Berufen finde ich besonders interessant, weil ich als Psycho-*

loge von dem umsetzungsorientierten Denken unserer Ingenieure für meine Arbeit sehr profitiere." So spricht kein Psychologe, der Jungakademiker überzeugen will. So spricht nur der Marketingstratege. Man liest Strategie, aber keinen Text.

Mit Volldampf in die automobile Spitzenklasse

Sie verlassen Ihren Schreibtisch und holen sich erst einmal eine Tasse Tee. Mmmh köstlich. Die Tasse stellen Sie auf dem Couchtisch ab und setzen sich auf die Bürocouch. Ein Lifestylemagazin liegt auf dem Zeitschriftenstapel ganz oben. Sie schlagen es auf und fliegen über die Texte.

Die Anzeige für ein Auto

Das Foto eines Autos. Dazu die Headline: *„Zieht ganz schön an. Auch Blicke."* Fließtext: *„Sauberer Fahrspaß. Beim R25 trifft Leistung auf Design."* Komisch! In einem Text *„trifft Leistung auf Design"* im nächsten *„trifft Leistung auf Technik"* wieder woanders *„trifft Dynamik auf Eleganz."* Weiter im Fließtext: *„Abenteuer und Alltag, Dynamik und Gelassenheit. Der neue R25 vereint scheinbare Gegensätze unter beeindruckenden Linien."* Was bedeutet eigentlich *„scheinbare Gegensätze unter beeindruckenden Linien?"* Scheinbar ist doch nur, was nicht vorhanden ist. Der Text scheint also nur so vor sich hin und sagt nichts.

Die nächste Autoanzeige

Abbildung: Foto des XY. Dazu die Headline: *„Achten Sie auf die Linie.* Weiter im Fließtext: *„Fitness serienmäßig. Sportlich, gut gebaut und bringt jede Menge Fahrspaß. Der XY gehört zu den*

Klassenbesten in Sachen Kraftstoffverbrauch und begeistert mit Leichtigkeit.“ Alles, was man sagen will in einem Satz. Kann man das besser schreiben? Was bedeutet eigentlich *„begeistert mit Leichtigkeit?“* Nein, er ist nicht leicht, er begeistert in Sachen Kraftstoffverbrauch. Ganz tolle Sache. Ist der Kraftstoffverbrauch jetzt eigentlich niedrig?

Vorletzte Autoanzeige

Foto des FF. Dazu die Headline: *„Jede Fahrt ein Erlebnis.“* Weiter mit dem Fließtext: *„Exklusive Ausstattung. Überzeugende Fahrdynamik. Modernste Benzin- und Common-Rail-Diesel-Motoren.“* Spürst Du was beim Sex? *„Nein, mein Mann ist Anästhesist, sagt die Frau zu ihrer Freundin.“ „Jede Fahrt ein Erlebnis“* ist so schal, wie das abgestandene Bier von gestern. Fühlen Sie etwas beim Lesen der Texte? Darum geht es nicht an dieser Stelle? Doch! Ein anderer Automobilhersteller sagte dazu einmal: *„Nicht schlecht für ein Diesel.“* Oder ein Bierhersteller sagt: *„Der so schön hat geprickelt in meine Bauchnabel.“*

Achtung. Vielleicht ist der nächste Text frei erfunden

Sie blättern weiter. Die nächste Autoanzeige. Das Foto des ZZ. Dazu die Headline: *„Der neue ZZ. Auch als ECOnetic.“* Weiter mit der Copy. *„Technik trifft Zeitgeist. Der neue ZZ überzeugt durch sein dynamisches kinetic Design und die vielen innovativen Details. Und jetzt gibt es ihn auch als ECOnetic. Er hat mit durchschnittlich 3,7 l einen deutlich reduzierten Kraftstoffverbrauch. Sein CO_2-Emissionswert liegt bei nur 98 g/km – das ist ein herausragender Wert in seiner Klasse. Überzeugen Sie sich selbst.“* Hier trifft mal wieder etwas aufeinander. *„Technik trifft Zeitgeist."* Irre Formulierung. Das ist ja mal ganz was Neues. Wird aber noch besser. *„Der neue ZZ überzeugt durch sein dynamisches kinetic Design"*. *Kinetic Design*? Das muss erklärt werden, und die vielen innovativen Details auch. Wenn *Kinetic Design* nicht erklärt wird, kann man den letzten Satz *„Und jetzt gibt es ihn auch als ECOnetic"* auch nicht gut finden. Was ist nun ECOnetic?

Etwas Text Kosmektik. Sehr schön, weil schöner

Die Versprechen der Kosmetikbranche sind oft englisch verpackt, inklusive gezielter Assoziationen zu Wirkversprechen. Oft nur intuitiv zu verstehen, weil rational nachgefragt völliger Quark, aber es wirkt. *„Das glänzendste Schwarz", strahlende Blondreflexe", „Carbon Gloss", „Ultra Glossy", „Glatt Intense", „Anti Frizz–Anti Aufblustern"*. Der *„Lash Architect", die „Faltenaufpolsterung" oder „Anti Age Doktor"* sind heute, was früher Jod S 11 Körnchen für Vogelfutter waren, Powerkörner. Mit *„exklusiven Wirkstoffen" und „hochwirksamen Aktivstoffen"*. Im Texter Slang auch *Kosmektik* genannt. *„Vom feeling her hab ich ein gutes Gefühl"*, sagte Andy Möller, Fußballer, schon. Die Zukunft unserer Haut liegt in Ihren Händen.

Und wie schreibt die IT Branche?

IT meint wohl auch – Irritierende Texte. Keine junge Branche mehr mit noch älteren Texten. Da bleibt kein Auge trocken. *„Schaffung eines EDV-gestützten Systems für eine anforderungsgerechte Übermittlung und Verarbeitung des warenbezogenen Informationsflusses. Mit dem Abbau der Lagerhaltung im Zuge* *der logistischen Optimierung wachsen Risiken und Störanfälligkeit der Produktionsprozesse."*

Werden Sie schon müde?

„XY ist eine neue, leistungsfähige Komplettlösung für anspruchsvolle Umgebungen. XY kombiniert die Vorteile der Grid-Technologie mit den Hardware- und Softwarekomponenten zur Effizienzsteigerung im dynamischen Daten Center zu einem einzigartigen und kostenreduzierenden Komplettangebot für dynamische IT."

Ick versteh mir nischt

Abbildung eines Promis. Die Headline schreibt: *„16 Millionen Euro Höchstgewinn bei einer Chance von 1:2,5 Millionen – das hat nur die Lotterie XY. Garantiert."* Bei einer Chance von *1:2,5 Millionen* macht man erst gar nicht mit. Wahrscheinlich ist das eine gute Chance! Das Versprechen wird aber in der Headline nicht deutlich. Da ist der Traum vom Lottogewinn schnell ausgeträumt.

Apropos gute Story

Ein wenig geht noch. Die Anzeige einer Bank. Ein älterer Geschäftsmann und eine junge Kundenberaterin stehen vor einer Glasvitrine und bestaunen eine englische Richterperücke. *„Was verbindet Rechtsanwalt Warnke und Beraterin Willige? Beide können sich für Details begeistern. Jürgen Warnkes Erfolg beruht darauf, dass er immer sehr genau analysiert, bevor er eine Strategie empfiehlt. Wenn Sandra Willige Jürgen Warnke in finanziellen*

Dingen berät, geht sie ganz genauso vor. Wann profitieren Sie von unseren Lösungen für Geschäftskunden?"

Tut es schon weh?

Die Kundenberaterin geht also genau so vor, wie ihr Kunde, wenn sie ihn in finanziellen Dingen berät. Irgendwie komisch. *„Was für eine unglückliche Situation"* würde Harpe Kerkeling sagen. *„Wenn Sandra Willige Jürgen Warnke in finanziellen Dingen berät, geht sie ganz genauso vor. Wann profitieren Sie von unseren Lösungen für Geschäftskunden?"* Pfui. Warnke und Willige verbindet rein gar nichts. Der Text ist gestelzt und beschreibt krampfhaft, statt eine gute Story zu werden.

Jürgen Warnke fragt Sandra Willige: *„Sandra, wollen Sie einen langfristigen Kontrakt über den exklusiven Austausch materieller und emotionaler Güterbündel mit mir schließen?" „Ja, ich willige ein."* Die Parodie verdeutlicht nur den Jargon, in dem Banken werben. Floskelhaft, bedeutungslos und ohne Saft und Kraft. Sie schreiben und reden Bullshit, wie die Politiker auch. Die Story kommt erst gar nicht in Fahrt.

Ein Angebot, das Sie auf keinen Fall verpassen dürfen!

Noch mal zurück zum Tee. Es reicht Ihnen und Sie nehmen die Imagebroschüre Ihres Unternehmens in die Hand, die auf dem Couchtisch liegt. *„Der Service ist eine innovative Sparte, bei dem wir unsere Kunden vor Ort betreuen. Anhand der Kundenbedürfnisse entwickeln wir neue Konzepte und Dienstleistungen zur*

Steigerung der Anlageneffizienz." Wollen Sie immer noch nichts ändern?

Kommt Ihnen das alles bekannt vor?

In Gedanken hören Sie einen Text, den Sie heute früh beim Frühstück in einer Finanzzeitung gelesen haben. „*Erst die Kombination aus erstklassigem Warenangebot und individuellem Service macht den Handel zu dem, was er ist – einem Geschäftsfeld mit Zukunft.*" Was konkret könnte sich hinter diesem Satz verstecken? Das ist ja nur ein Imagetext, sagt man so. Ja, und genau so langweilig, wie man sich langweilige Finanzzeitungsleser vorstellt!

Die Texte sind trotzdem gut, hört man Auftraggeber sagen

Seit wann sind Finanzzeitungsleser langweilig? Sie, langweilig? Sicher nicht, aber Auftraggeber glauben, ihre Zielgruppe, davon verstehen sie ja etwas, wolle keine anderen Texte lesen. Sie glauben, dass ihre Leser genau das so lesen wollen und nicht zwischen gutem und schlechtem Text unterscheiden können. Und, dass vor allem B-to-B Kunden das so lesen wollen, ja müssen. Zu diesem Aberglauben später mehr.

„Denken Sie mal darüber vor"

schreibt zum Beispiel eine Wirtschaftszeitung in Ihren Anzeigen und schließt mit dem Claim „*Wissen, was wichtig wird*" ab. Sehr viel besser. Und die Leser der Wirtschaftsteile verstehen das sogar. Eine einfache wie geniale Textmechanik. Sprichworte und Redensarten werden abgewandelt (Abweichen von der Norm) und, die Floskel darf einmal sein, zahlen in den Claim ein.

Nur die Tatsache, dass die Anderen so schreiben, gibt Ihnen nicht das Recht, diese Texte freizugeben oder so zu schreiben
Jetzt reicht es. Ist denn alles schlecht? Ja, 90 Prozent der deutschen Werbetexte sind Bullshit. *„Aber das kann doch nicht sein! Die Verfasser sind Experten, Journalisten und Werbetexter." „Ja, aber nicht jeder Klempner ist gut. Nur die Tatsache, dass Texte veröffentlicht werden, bedeutet nicht, dass sie gut sind, und es bedeutet ebenfalls nicht, dass sie wirken."*

Wenn die Artikel in einer Tageszeitung besser geschrieben sind als der Werbetext, läuft etwas schief in der Texterwelt. Viele Werbetexte sind festgefahren. Ein Werbe-Jargon hat sich ausgeprägt, der in der Masse weichgespült wirkt und untergeht. Bei über 2.937 Botschaften, die täglich auf uns einprasseln, kein Wunder. Zeit für Veränderung.

Gibt's noch eine Steigerung?
Nein. Jetzt sind wir auf dem Null-Niveau angekommen. Wie die potentiellen Leser unserer Texte auch. Die haben mit dem Lesen von Werbetexten nämlich längst aufgehört. Was tun? Sie rufen Ihre Agentur, Ihre Texter, Ihre Werbeleiter oder Ihre Frau/Mann an und sagen: **„ALLES BULLSHIT."**

Besser als Bullshit ist nur Bullshit Bingo

Creative Game

Die folgenden Kreativtechniken orientieren sich strikt an spielerischen Ansätzen. Spielerische Kreativität ist intuitiv, spontan und nicht rational. Die Schere im Kopf wird ausgeschaltet. Man muss beim Gestalten nicht nachdenken. Es passiert einfach und fließt ungefiltert aus uns heraus. Jeder ist kreativ. Lassen Sie sich kritiklos darauf ein, und das Experiment gelingt.

Die Spielanleitungen sind ausführlich, weil sie alle Fragen beantworten möchten, die während eines Spiels aufkommen könnten. Die Kreativspiele sind einfach und besonders effektiv hinsichtlich der direkten Umsetzbarkeit für die Auftragskommunikation. Hier also leider keine Elfchen oder Haikus.

Wenn Sie nach der häufigen Anwendung Regeln ändern wollen, tun sie das, oder erfinden neue. Regeln in der Gestaltung sind dazu da, dass man sie bricht.

Creative Game: Bullshit Bingo,
nach einer Inspiration von Tom Davis.

Wie wird gespielt? Sie können alleine oder in der Gruppe spielen. Besser Sie spielen zuerst mit sich alleine.

Nehmen Sie einen beliebigen Ursprungstext aus Ihrer Schublade, den sie freigeben sollen.

Bevor Sie ihn lesen, nehmen Sie ein weißes Blatt Papier und schreiben die 10 Worte, Buzz Words, auf, die am wenigsten aussagen, unverständlich, bildleer, wichtigtuerisch und typisch für Ihre Branche sind. Und vermutlich in dem Ursprungstext vorkommen.

So genannte Worthülsen, Floskeln, Luftblasen oder Phrasenschweine – Bullshit eben. Dieser Bullshit kann Moden unterliegen, branchen- oder zielgruppenspezifisch sein. Er ist schlicht unverständlich, hohl oder trendy. Bullshit ist auch, wenn jemand aus Gründen der Angeberei so redet oder schreibt, wie es kein normaler Mensch jemals tun würde. Schlimmer noch, wenn es unverständlich wird.

Die Top Ten, 10 Buzz Wörter, sind Ihr Spieleinsatz. Immer wenn ein Buzz Wort im Ursprungstext auftaucht streichen Sie es oder die ganze Redewendung aus dem Text und aus Ihrer Liste. Bei jedem Treffer rufen Sie **„Bullshit!“**

„Bullshit Bingo!“
Besser. Sie lassen Geschäftstexte im Team vorlesen und spielen in der Gruppe. Wer zuerst auf seinem Zettel zehn dieser Begriffe streichen kann, brüllt *“Bullshit Bingo!”*

Hat da noch jemand eine Frage? *„Ja, können wir auch mit dem Text einer Quasselstrippe Bullshit Bingo spielen?“ „Ja.“*

Das Spiel beginnt. Beispielhafte Buzz Word Liste zur Anregung:
Floskeln wie zum Beispiel *„Analysen, die tiefer gehen...“, „mit freundlichen Grüßen...“ „Fahrspaß...“* in allen Variationen. *„Endlich...“* in allen Variationen... *„Entdecke die...“, „Entdecke mein Geheimnis...“, usw..* **Worthülsen** wie zum Beispiel *„zukunftsorientiert denken...“, „Zukunft beginnt mit einem visionären System...“, „neue Maßstäbe setzen...“, „Globales Denken...“, „innovative Ideen...“, „nachhaltige Inhalte...“, „weltweite Vernetzung...“.* **Bedeutungsleere Fremdwörter** wie zum Beispiel „Flexibilität...“, „Effizienz...“, „Synergien...“. **Abgedroschene Phrasen** wie zum Beispiel *„Qualität ist unsere Devise...“, „Das Geheimnis unseres Erfolgs ist unser Qualitätsanspruch“, „Für beständigen unternehmerischen Erfolg braucht man Vertrauen...“, „Geschäftsfeld mit Zukunft...“, „Intelligente Lösungen...“, „Klein im Format – Groß in der Leistung...“, „Leistung aus Leidenschaft...“, „Formel 1. Voll abgefahren“, „Exklusives inklusive...“.* **Zusammengesetzte Worte** wie zum Beispiel, *„kostenreduzierend...“, „relevanzsteigernd...“, „Qualitätsmanagement...“, „Effizienzsteigerung...“* **...**

Was haben Sie gegen Effizienzsteigerung?
Das ist nur eine kleine Auswahl. Die Top Ten Liste meint übrigens nicht, dass alle diese Worte nie mehr verwendet werden dürfen. Es kommt vor allem auf den Kontext an, in dem die Wörter und Begriffe stehen. Aber in dieser Menge und in der bisher beschriebenen Anlage der Texte, ist der Bullshit nicht akzeptabel.

Wie wir in späteren Kapiteln sehen werden, erhalten diese Wörter wieder ihre Bedeutung zurück, sofern sie eine besitzen, wenn sich die Anlage der Texte verändert. Dann kann auch eine Effizienzsteigerung wieder sinnvoll sein.

Übung: Vergleichen Sie Ihre Buzz Wörter - Top Ten Buzz Wort Liste - mit dem Ursprungstext auf Ihrem Schreibtisch.

Fangt das Phrasenschwein ein
Floskeln, Worthülsen, bedeutungsleere Fremdwörter, abgedroschene Phrasen und zusammengesetzte Worte sind die stilistischen Hauptschuldigen, die Texte nicht besser sondern schlechter machen. Sie haben allen Saft und Kraft verloren, sind ausgelutscht, abgenutzt, austauschbar und deshalb schlecht gestaltete Werbung. Benutzt man sie weiter, führen sie zu Allgemeinheiten, Setzungen, Superlativen und Nonsens.

Betrachtet man mit einem Seitenblick die Texte auf den restlichen Seiten eines Magazins oder einer Tageszeitung, oder die TV-Sendungen vor und nach dem Werbeblock im Fernsehen, dann hört und liest man bessere Texte in der unmittelbaren

Nachbarschaft der Werbung. Das Feuilleton, die Reportage, das Lifestylemagazin, die Glosse, der Klatsch und Tratsch, der Sport, der Kommentar, das Wetter, alles besser gestaltete Texte als der Werbetext? Soweit ist es gekommen, lieber David Ogilvy.

Übung: Erstellen Sie eine Liste der Buzz Wörter Ihrer Branche
Die Entdeckung des Bullshits. Ihre Aufmerksamkeit für Bullshit beim Schreiben können Sie steigern, indem Sie sich über die Buzz Wörter Ihrer Branche im Klaren sind. Gefahr erkannt – Gefahr gebannt. Es lohnt sich deshalb, alle diese Buzz Wörter einmal auf einem Blatt Papier zu versammeln. Dieses Papier macht sich zum Beispiel gut an Wänden direkt an der Bürotür.

Jeder Kunde bekommt die Werbung, die er verdient.
Jede Agentur bekommt den Kunden, den sie verdient.

Wie kommt es zur Textkrise?

Die Krise rührt nicht daher, dass Kunden mehr oder weniger lesen. Sie ist von den Auftraggebern und Machern selbst verursacht. Ein Bild sagt mehr als tausend Worte, aber am Anfang war das Wort.

„Das liest doch sowieso keiner"
hört man die Auftraggeber sagen und sie plädieren für weniger Text. Warum? In den meisten Texten ist nicht viel mehr drin als heiße Luft und austauschbare Versprechen. Der Text bleibt für die Werbewirkung ungenutzt. Wer keine emotionalen Texte anbietet, kann Zielgruppen nicht bei ihren Einstellungen, Motiven und Codes abholen.

Fünf formale Gründe, warum Text nicht gelesen wird

1. Negative Schrift
2. TexterInnen, die beschreiben statt zu erzählen
3. Texte ohne Story
4. Text als Grauwert. Die Grafiker achten darauf, dass sich der Text möglichst ausgewogen, im Verhältnis zu allen anderen

Elementen des Layouts, verhält. Er wird dadurch unsichtbar und geht unter.

5. GrafikerInnen, die nicht lesen

Du bist durchschaut

Werbeprofis durchschauen Texte oder Layouts. Sie blicken auf Anzeigen, Broschüren, Briefe oder Datenblätter und erkennen im Text die Ungereimtheiten im Unternehmen. Oft werden organisatorische und logistische Probleme nicht ausreichend geklärt und bleiben im Text erkennbar. Die Argumente im Fließtext sind nicht in der richtigen Reihenfolge gewichtet. Die Versprechen stehen nicht in der Headline.

Die Wirkung von Versprechen und Features unterscheiden sich. Versprechen werden länger erinnert als Features. Features gehören deshalb nicht in die Headline und sollten den Versprechen nachgeordnet sein.

Trennen zwischen interner und externer Perspektive

In vielen Texten sprechen Unternehmen über sich selbst, aber nicht zur Zielgruppe. Präzise gesagt, steht meist nur drin, was Entscheider in den Unternehmen hören wollen. Deshalb sind viele Werbetexte für Entscheider geschrieben, nicht für Kunden. Die Einzigen, die sie gerne lesen, sind die Auftraggeber.

Manchmal ist es sogar so, dass man versucht herauszufinden, was der Vorgesetzte oder Vorstand gerne über sich lesen würde. Vorauseilenden Gehorsam nennt man das. Die interne Perspektive eines Unternehmens gehört nicht in Texte an externe Zielgruppen.

Eigenlob stinkt
Lesen Sie gerne Texte, in denen Unternehmen vor allem eines tun, sich selbst gut finden? Aktionärsbriefe und Geschäftsberichte vielleicht ausgenommen.

Viele glauben, beim Texten mitreden zu können und hören dabei auf ihre innere Stimme. Und die sagt: *„Ich bin groß und mächtig und habe Füße von drei Meter sechzig."* Egoismus und Eigenlob sind schlechte Ratgeber guter Texte. Warum? Texte mit einer Haltung von oben nach unten herab will keiner gern lesen und sind dem Kunden gegenüber respektlos.

Es ist grundsätzlich nicht bedenklich, wenn Entscheider gern geschrieben sehen, was sie über sich selbst lesen wollen, aber nicht in deren Sprache.

Schreiben für Auserwählte. B-to-B Irrtümer
Guter Text ist keine Frage von Zielgruppen und Branchen. Ein Entscheider beispielsweise aus der Chemie-, Bank-, Telekommunikations- oder Maschinenbaubranche verhält sich beim Lesen einer Brancheninfo nicht anders als beim Lesen einer Broschüre für ein Maßhemd.

Verklausulierte und komplizierte Texte liest keiner gerne, auch nicht wenn es ihn interessiert. In Bezug auf B-to-B Zielgruppen unterscheiden sich also Versprechen, Argumente, Einstellungen und Codes, nicht aber der Textstil.

Grundsätzlich kann man davon ausgehen, dass jede Zielgruppe jede Tonalität versteht. Die Leser verstehen Textideen. Sie sind nicht nur mit Werbung aufgewachsen, sondern auch mit Radio, Film und Internet. Erzählweisen, -stile und Genres sind ihnen bekannt und sie wissen, wie man ihre Bedeutung interpretiert.

Fachtexte müssen häufig von B-to-B Zielgruppen gelesen werden. Wie viel wirksamer ist es dann, wenn sich ausgerechnet der vermeintlich komplexe, inhaltsschwere Text leicht liest.

Leser sind genau so schlau wie Sie auch
Das ist ja schön und gut, aber wie kann ich die Gemeinderatsmitglieder überzeugen? Wenn Auftraggeber nicht wissen, was gut ist, muss man es ihnen erklären. Wenn Sie es verstehen, versteht es Ihre Zielgruppe auch. Keine Zielgruppe ist dümmer als der Auftraggeber. Wer´s glaubt, missachtet den Geist der Leser.

Wenn das Briefing zur Headline wird
Vielen Headlines sieht man an, dass sie direkt aus der Copy Strategy übernommen wurden. Das konkret formulierte Versprechen allein ist noch keine gute Gestaltung, und ein Versprechen ist noch keine gute Story.

In manchen Headlines steht zum Beispiel: *„Gut für den Mittelstand“*, *„Mehr Überblick, weniger Zeitaufwand“*, *„Politik und mehr.*

Täglich", *„Die Zeitschrift empfehlen – eine Prämie sichern"*, *„Profitieren Sie von ausgezeichneten Tarifen"* oder eine Bank schreibt lediglich *„Flexibilität."* Das ist nicht gut genug!

Gute Gestaltung ist das Transportmittel der Versprechen
Gestaltung ist die Verpackung der Botschaft. Diese Verschlüsselung dient der Aufmerksamkeit, der Emotionalisierung und der Merkfähigkeit. Sie trifft dabei die Motive, Einstellungen und Codes und steigert das Lesevergnügen. Gute Texte verpacken die Versprechen besser. Das Entschlüsseln der Versprechen und der Botschaften ist das Vergnügen des Lesers. An dieser Stelle beginnt der Spaß am Text.

Der Leser ist in der Lage alles zu entschlüsseln, solange es nicht unverständlich ist. *„Das könnte man falsch verstehen"*, sagen einige Auftraggeber. Falsch ist nur, was am Versprechen vorbei geht oder unverständlich bleibt. Grundsätzlich versteht der Leser alles. Er versteht gleichfalls Witze, Slapstick, Ironie und schwarzen Humor richtig. Oder verstehen Sie das nicht?

Indem der Leser die verschlüsselte Botschaft entschlüsselt, lernt er das Versprechen. Anders gesagt: Die Dekodierung der Kodierung ist der Lernprozess des Lesers. Hier werden Botschaften gelernt und erinnert. Kunden kaufen die Verpackung mit und das Öffnen derselben ist ihr Lesevergnügen.

Früher schrieb die Frankfurter Allgemeine Zeitung in der Headline ihrer Anzeigen: *„Deutschlands wichtigster Stellenmarkt."* Das ist der USP und wenn er in der Headline steht, muss das doch verkaufen? Heute schreibt sie: „*Kluge Köpfe fragen nicht. Sie sind gefragt.*" Das ist viel besser. Die Headline hat ihre Textperspektive verändert. Sie wird emotional und jetzt entstehen Bilder im Kopf. Eine Erfolgsstory beginnt. Dabei werden die Motive und Einstellungen der Jobsuchenden, ihr Selbstwertgefühl, angesprochen. Erst in der Sub. Headline steht: „*Deutschlands größter Stellenmarkt.*" Der USP kommt erst an zweiter Stelle und übernimmt so die Funktion des Reason Why, die Begründung dafür, weshalb die Behauptung in der Headline richtig ist. Das ist insgesamt aufmerksamkeitsstärker, unterhaltender und glaubwürdiger. Die Tonalität hat sich positiv verändert.

Guter Text ist Ausdruck der Produktqualität

Wie das Design einer Verpackung, wertet der Text das Produkt oder das Unternehmen auf. Er kann vier Kommunikationszielen dienen: Die *Aufmerksamkeit* steigern, die *Bekanntheit* erhöhen, die *Informationen* verbreiten und das *Image* verändern oder bestätigen.

Guter Text spricht die Motive, Einstellung, Interessen und Codes der Zielgruppen an und überzeugt durch Story, Textkonzept, Textstruktur und Stil.

Kommt Ihnen etwas bekannt vor, dann streichen Sie es

Die Texte gleichen sich immer mehr. Falls Sie einen Text so oder ähnlich schon einmal gelesen haben, ist das kein Indiz dafür, dass Sie richtig schreiben. Es ist das Indiz für Einfallslosigkeit.

„Entdecke das Auto." „Entdecken Sie die schönste Verbindung von Gold und Diamanten." „Entdecken Sie die beste deutsche Automarke." „Entdecken Sie den Geschmack der Stille." „Entdecken Sie, wie gut Wodka schmecken kann." Streichen Sie alles.

Lesen Sie die Texte Ihrer Konkurrenz und Sie wissen, wie Sie nicht schreiben!

Sie sitzen wieder an Ihrem Schreibtisch. Auf einem Stapel vor Ihnen liegt eine Broschüre ihres schärfsten Konkurrenten. Schlagen Sie blind eine der ersten Seiten auf und tippen Sie mit dem Finger auf den Text. Sie lesen Text, den sie in jeder anderen Broschüre, oder der Ihren, auch finden. Austauschbar, langweilig und beschreibend. So, als hätte der Texter den Text der Konkurrenz kopiert und in die Broschüre eingesetzt. Copy und Paste.

Branchen-Gleichheit

Ein Unwort. Zusammengesetzte Hauptwortfloskel, könnte man sagen. Was steckt dahinter? Achten Sie einmal darauf, wie sehr sich Wettbewerber gleichen.

Die Baumarktwerbung Mitte der 90er Jahre war so lange langweilig, bis der erste Wettbewerber sich traute, einen anderen Ton anzuschlagen. Die Werbung für Elektronikmärkte der 90er Jahre war fürchterlich langweilig, bis die Ersten neue Ideen zuließen. Die Bausparkassenwerbung war so lange langweilig, bis ein kleines Mädchen sagte: *„Papa, ich will auch Spießer werden."* Darüber können selbst Spießer lachen.

Das Mädchen läutete einen Umbruch in der Gestaltung der Bausparkassen Werbung ein. Plötzlich folgten alle anderen und passten ihre Kampagnen der neuen Tonalität an.

Tonalität

Die Tonalität wird meist mit Adjektiven und Verben beschrieben. Leider machen es sich hier viele Unternehmen zu einfach und schreiben: Modern, dynamisch, anspruchsvoll. Oder intelligent, leicht verständlich, qualitätsorientiert usw.. Schreiben Sie doch einmal: Originell, einzigartig, selbstbewusst, authentisch, geistreich, pur, erzählend, demokratisch, berührend, emotional oder überraschend. Oder schreiben Sie in ganzen Sätzen, wie sich die Zielgruppe beim Lesen fühlen soll. Oder schreiben Sie eine Geschichte, mitreißend wie ein Fußballspiel, in Schweiß gebadet, wie nach einem Rock-Konzert, oder wie glühende Liebe.

Die Tonalität bestimmt, ob sich die Leser in ihrem Interesse an gute Kommunikation ernst genommen und unterhalten fühlen?

Übung: Reihen Sie die Texte - ob Anzeige, Plakat, Broschüre, TV-Spots oder Internetpräsenz - Ihrer Konkurrenz nebeneinander und analysieren Sie deren Stil und Tonalität.

Jetzt abheben!

Reproduzieren Sie nicht die Text- und Werbestile einer Branche. Analysieren Sie die Paradigmen Ihrer Konkurrenz und weichen Sie davon ab. Abweichende Beispiele werden erinnert, weil sie auffallen. In der Folge eines solchen Paradigmenwechsels ändern sich Textperspektiven, Storys oder Tonalitäten. Und das ist gut so!

Messen Sie sich mit gleichen Botschaften

Wenn sich innerhalb einer Branche die Versprechen gleichen, hebt Sie die Erzählung und die Story von der Konkurrenz ab. Brechen Sie aus. Raus aus der Gleichmacherei. Das lüftet die Texte und verändert Aufmerksamkeit und Image. **Guter Text ist branchenunabhängig.** Es gibt keinen Textstil, den die Branche oder die Sache an sich vorschreiben!

Raus statt rein

Viele, die mitreden müssen, machen meist eines falsch: Sie geben immer noch mehr Fakten in den Text hinein, vor allem in jeden einzelnen Satz. Nehmen Sie aus Sätzen Worte und Passagen heraus. Vereinfachen sie Texte. Straffen und gruppieren Sie die Argumente um. Formen Sie Argumentation und Drama. Hilfe dazu folgt.

Viele Texter verderben den Brei

Jeder, der lesen kann, glaubt, er kann in Texten herum schreiben. So, wie jeder Fußballfan glaubt, er könne die Nationalmannschaft aufstellen und sei der bessere Bundestrainer. Manchmal wird solange geschliffen, bis die maximale Bullshit Blähung erreicht ist, oder das letzte Wort alle Ecken und Kanten verloren hat.

Reden wir dem Automechaniker ins Handwerk und erzählen ihm, wie er den Motor ausbauen soll? Würde sich der Maschinenbau-Ingenieur vom Marketingleiter die Legierung des Motorkolbens vorschreiben lassen? Seit wann bestimmt der Werbeleiter den Versuchsablauf im Chemielabor? Ja, Texten ist Arbeit und jeder, der nicht selbst schreibt, sollte selbst schreiben.

Oder Sie moderieren Textentwicklung

Verhalten Sie sich nicht wie ein Entscheider, sondern nehmen Sie die Perspektive des Lesers ein. Stellen Sie Fragen nach der Wirkung:

„Wie ist die Reihenfolge der Text-Wahrnehmung gewichtet?"
„Und in welcher Reihenfolge soll der Text gelesen werden?"
„Will man das lesen?"
„Berührt der Text meine Kaufmotive?"
„Was wird wie versprochen?"
„Sind die Argumente in der richtigen Reihenfolge?"
„Kann man der Argumentation folgen?"
„Kann man das verstehen?"
„Was ist die Idee?"

Sie haben bestimmt noch eine Frage? Schreiben Sie sie auf. Diese und weitere Fragen führen zu besseren Texten. Lösen sollen sie die AutorInnen.

Macht kaputt, was die Werbewirkung kaputt macht
Viele Werbetexte sind festgefahren. Ein Werbe-Jargon hat sich geprägt. Die Kunden kennen den Text, bevor sie ihn gelesen haben. Texte aus der Wir-haben-können-wissen-alles-besser-Perspektive lösen keine Reaktionen mehr beim Leser aus.

Wenn die Artikel und Beiträge in Tageszeitungen und Magazinen oder in Blogs im Internet besser geschrieben sind als die Werbetexte, die darin stehen, läuft was schief im Werbetexter-Land. Schluss mit dem Werbejargon!

Wenn das alles so schlecht ist, warum verkauft es dann?
Es verkauft erstens nicht der Text allein. Preis, Produktqualität, Distribution und Kommunikation wirken gemeinsam. Zweitens wirkt Werbung durch Wiederholung und Penetration. Und drittens kaufen Kunden trotz schlechter Texte.

Die Krise birgt die Chance auf Veränderung. Das Ziel ist Werbewirkung

Bessere Texte
erreichen größere Aufmerksamkeit, die Verweildauer steigt, die Glaubwürdigkeit erhöht sich, die Erinnerung wird verbessert. Die Texte werden insgesamt emotionaler. Sie erzählen und verändern dadurch Tonalität und Image positiv. Der erzählende Schreibstil ist weniger aufdringlich, seriöser und glaubwürdiger.

Kopfrechnen für Auftraggeber

Noch mal zurück zur Frage, welche Texte schlecht sind? Die Antwort ist einfach. Alles was Bullshit ist. Bessere Texte verbessern die Wirkung Ihres knappen Budgets um ein Vielfaches.

Für Pauker und Besserwisser. Kurze Stilkunde.

45 Minuten Deutsch für Fortgeschrittene

Vorsicht. Die Stilkunde orientiert sich strikt am stilistischen Wesen des Bullshits und erhebt den Anspruch auf Unvollständigkeit. Veröffentlichungen hierzu gibt es viele, alle sind gut und wichtig. Wer tiefer eintauchen möchte, kann dies z.B. in Originalwerken von Bastian Sick oder Wolf Schneider tun, siehe Literaturverzeichnis.

Die folgende Stilkunde verbessert Ihre Schreibe und schärft das Urteilsvermögen. Einige Knoten können sich jetzt schon lösen. Studien beweisen, dass immer wieder die gleichen Fehler geschrieben werden. Die können Sie jetzt loswerden oder darüber lachen.

Apropos loswerden. Möglicherweise erkennen Sie Ihre Macken nicht beim Schreiben. Macht nichts. Mit anderen Worten, schreiben Sie los, nur beim Korrigieren sollten Sie ab jetzt Ihre

Fehler erkennen und verbessern können. Nach diesem Kapitel gibt es kein Pardon mehr.

Welche Wortwahl und Schrift lassen einen Autor intelligent wirken?

Unnötig lange Wörter und komplizierter Schriftsatz verleiten den Leser zu einer schlechten Meinung über die Intelligenz des Autors. Zu diesem Ergebnis gelangt eine amerikanische Forschergruppe um Daniel Oppenheimer. Demnach lassen sich Leser durch klare Worte und einen einfachen Zeichensatz stärker beeindrucken als durch ein ausgefeiltes Vokabular und ein überladenes Schriftbild. (siehe Literaturliste)

Gute Werbetexte sind konkret

Wolf Schneider schrieb einmal: *„Kommen Sie auf den Punkt. Umkreisen Sie nicht den heißen Brei. Schreiben Sie anschaulich, lebendig, konkret. Sagen Sie es mit Saft und Kraft. Hüten Sie sich vor abstrakten Wortgebilden, endlosen Silben, aufgebauschtem Tiefsinn und gekünsteltem Witz. Es wirkt unglaubwürdig, angeberisch und künstlich."* Das ist für den Journalismus genauso richtig wie für den Werbetext.

Schreiben Sie immer, was konkret die Qualität, die konkrete Leistung oder die konkrete Serviceleistung auszeichnet. Gehen Sie ins Detail und bringen Sie die Unterschiede ans Licht. Details faszinieren und geben entscheidende Kaufargumente. Sie sind interessanter als jede Floskel und belegen Ihre Versprechen und Botschaften.

Kurze Sätze

15 Worte pro Satz sind die Obergrenze. Die optimale Verständlichkeit liegt laut *dpa* bei neun Worten. Wenn Sie kurze Sätze schreiben, sortieren sich Gedanken und Argumente automatisch besser. Dieser Satz ist zu lang: *„Als Anbieter von Bremssystemen, Systemen und Komponenten für Antrieb und Fahrwerk, Instrumentierungen, Infotainment-Lösungen, Fahrzeugelektronik, Reifen und technischen Elastomerprodukten trägt das Unternehmen zu mehr Fahrsicherheit und zum Klimaschutz bei."* Zu viele Aufzählungen hintereinander. Zu viele Gedanken in einem Satz. Und der Klimaschutz fällt hinten runter. Er wurde rangeklebt und das merkt man. Klingt nach Alibi und ist es auch. *Greenwashing* nennt man das. Wenn man über Klimaschutz schreiben will, dann bitte in einem neuen Satz, mit konkreten Inhalten und messbaren Größen. Vorsicht, wer zu viel verspricht!

Schlüsselworte statt Jargon

Besonders Techniker, Ingenieure und Spezialisten glauben, ohne Fachbegriffe und Jargon ginge es nicht. Fachjargon kann Zugehörigkeit und Kompetenz ausdrücken, aber was zu viel ist, ist zu viel. Die Folge ist meist Unlesbarkeit und Ausgrenzung.

Auch Kompliziertes lässt sich einfach und verständlich ausdrücken. Fachmänner und -frauen zeichnen sich dadurch aus, dass sie Kompliziertes verständlich erklären. Kompetenz stellt sich in erster Linie durch Inhalte und überzeugende Zusammenhänge ein. Komplexe Zusammenhänge müssen einfach strukturiert, anschaulich und bildhaft sein. Für komplizierte Zusammenhänge bieten sich Analogien an. Sie sprechen in Bildern zum Leser.

Jargon als Türöffner

Begreift man Fachbegriffe als Schlüsselworte, kann der Jargon auf wenige Begriffe und Codes begrenzt werden. Schlüsselworte und Codes stellen einen konkreten Zusammenhang zu Nutzen, Versprechen und Kaufmotiven her. Das sind die Worte, die eine Zielgruppe lesen will, weil sie Wissen und Kaufgründe signalisieren, wie der nachfolgende Buchtitel beweist: *„Das Baby. Inbetriebnahme, Wartung und Instandhaltung."* Eine sehr schöne Kontextverschiebung.

Das Substantiv. Bitte mit Bild und Eigenschaft

Wenn das Substantiv die Eigenschaft enthält, kann es ein Adjektiv ersetzen und erzeugt ein Bild. Der *„starke Regen"* ist ein Wolkenbruch. Manchmal regnet es auch Katzen und Hunde. Der *„leichte Regen"* ist ein Nieselregen, das *„maßlose Trinken"* ein Saufen, der *„schamlos schlechte Arzt"* ein Quacksalber. Patrick Süßkind schrieb: *„Man gebe den Hauptwörtern den Rachen frei und erlaube ihnen, Eigenschaftswörter zu verschlingen."*

Die Hauptwortstarre

Ein Problem sind zusammengesetzte Substantive wie *„Fachkompetenz"*, *„Befindlichkeitsqualität"*, *„Sicherheitsabhängigkeit"*, *„Optimierungspotenzial"* oder *„Relevanzsteigerung"*. Sie sind meist unverständlich und abstrakt. Worthülsen ohne Bedeutung und Bild.

Das nächste Problem sind die Häufung von Substantiven und die Umwandlung von Verben in Substantive. „*Schaffung eines EDV-gestützten Systems für eine anforderungsgerechte Übermittlung und Verarbeitung des warenbezogenen Informationsflusses. Mit dem Abbau der Lagerhaltung im Zuge der logistischen Optimierung wachsen Risiken und Störanfälligkeit der Produktionsprozesse.*" Wer aus „*schaffen*" „*Schaffung*" macht, aus „*übermitteln*" „*Übermittlung*", aus „*verarbeiten*" „*Verarbeitung*" und aus „*abbauen*" „*Abbau*", lässt zu, dass Organisationen nicht mehr handeln. Das Unternehmen agiert nicht mehr und erstarrt. Drehen Sie den Spieß um. Verwandeln sie Substantive in Verben und handeln Sie wieder. Der Text wird automatisch erzählender.

Schreiben Sie in Bildern

Zeigen statt sagen ist ein Merksatz, der sich gut einprägt. Ein Beispiel fürs Sagen: „*Sie ging im Wald umher, und alles um sie herum war ganz märchenhaft.*" Das ist einfach nur dahin gesagt und berührt nicht. Ein Beispiel fürs Zeigen: „*Beim Gehen hört sie das Knacken der Zweige. Sie spürt die Sonne auf ihren Wangen und sieht die Eichenblätter im Licht tanzen.*" Sofort entstehen Bilder im Kopf, der Leser fühlt mit und die Sinne werden gestreichelt.

Wir orientieren uns an Bildern. Wir erinnern in Bildern. Wir entscheiden nach Bildern. Wir sprechen in Bildern.

Untersuchen Sie, ob Wörter ein Bild enthalten

Sie können jedes einzelne Wort überprüfen, ob es ein Bild enthält. Wer in Bildern schreibt macht den Text sichtbar. Das Kino im Kopf läuft los und erzählt eine kleine Geschichte. Zu viele Texte sind für die linke Gehirnhälfte geschrieben. Hier befinden sich die Gehirnregionen, die sich mit Organisieren, Planen und Analysieren beschäftigen. Die rechte Gehirnhälfte wird vernachlässigt und kommt zu kurz. Hier befinden sich die Regionen, die für die Sinne verantwortlich sind und unsere Bild-, Personen oder Erlebnis-Archive. Begreifen ist besser als verstehen.

Ansprache der Sinne

Schreiben Sie für die fünf Sinne. Sie können mit jedem Produkt oder Dienstleistung Sinne ansprechen. Fünf Beispiele: *„Werfen Sie einen Blick zwischen die Zeilen." „Wenn Sie mit dem Finger über die Kante streichen." „Der Duft eines neuen Autos." „Die Sektperlen tanzen auf der Zunge." „Das Prasseln der Wassertropfen."*

Übung: Schreiben sie auf, wo und wie Ihr Produkt/ Dienstleistung die Sinne berühren kann ...

Das Adjektiv. Das Problem vieler Werbetexte ist die Werbung, nicht der Text

Adjektive zeichnen das Angebot aus. Ja, aber sie sind auch das Erkennungszeichen des Bullshits. *„Vollendeter Genuss", „attraktive Prämien", „wertvolle, ätherische Öle", „spektakuläres Volumen"* oder *„persönliches Kennenlern-Angebot"* sind inflationäre Beispiele. Genau die Wörter, die ein Produkt oder eine Dienstleistung auszeichnen, nehmen der eigentlichen Sache, dem Angebot, dem Volumen, der Prämie oder dem Genuss Saft und Kraft. Und nicht: *„Den ganzen Saft und die volle Kraft.“*

So mancher hat in der Schule gelernt, dass er viele Adjektive oder Verben verwenden solle. Im nächsten Schulaufsatz umgesetzt, wurde die Note gleich besser. *„Der Motor heulte unwahrscheinlich laut“* sind zwei Adjektive zuviel. *„Der Motor heulte“ ist viel besser. „Heulte“* ist eine gute Wortwahl und es dröhnt so schön im Ohr. Das wollte der Autor erreichen. *„Unwahrscheinlich laut“* dagegen erklärt nur und raubt dem Verb die Kraft.

Ein Küchenhersteller schreibt: *„Mit zeitlos schönen Formen, hochwertigen Materialien und zweckgerechter Technik in international anerkannter Qualität.“*

Eine Zeitschrift schreibt: *„Mit nützlichen Tipps und aktuellen Informationen– z.B. über die besten Einstiegsweine und tolle Weinbars in Europa! Jetzt im guten Zeitschriftenhandel.“ „Jetzt im guten Zeitschriftenhandel“* ist irgendwie Kult, so alt, so Retro. Hier im Überblick, welche die eingearbeiteten Adjektive sind. *„Nützlichen, aktuellen, besten, tolle, guten.“* Man kann sie alle streichen und wird sofort besser: *„Mit Tipps und Informationen – z.B. über die Einstiegsweine und Weinbars in Europa!“* Es geht keine Qualität verloren. Nichts wird überstrapaziert. Im Gegenteil – alles wird deutlicher und erhält seinen ursprünglichen Sinn zurück.

Streichen Sie ebenfalls zusammengesetzte Adjektive. „*Musikperspektivisch, kompetenzorientiert, potentialorientiert, patentorientiert, verordnungsfähig, einstrahlungsdynamisch.*" Sie sind inhaltsleer und wichtigtuerisch. Übertreibungen und abgeschmackte Adjektive wie oben, verwässern die Aussage. Verwenden Sie abwechslungsreiche Adjektive und Verben.

Der frischeste Superlativ

Meiden Sie das Adjektiv im Superlativ. Es wirkt unglaubwürdig und neigt zum Widerspruch. Meist dient es nur der Beschreibung statt der Erzählung. Ein Verlag schreibt: „*Spannung auf höchstem Niveau.*" Die Headline erzählt nichts über den Krimi. Man spürt nichts. Der Punkt am Ende ist das Spannendste. Ein anderer Verlag verspricht „*Garantiert schlaflose Nächte.*" Viel besser, weil emotionaler.

Weiße Schimmel

Viele Fehler rühren von der grundsätzlich falschen Haltung zum Schreiben her. Man will alles noch besser und schöner erscheinen lassen als der schöne Schein. Und das geht meist schief. „*Wer Energie spart, wird daraus eine positive Dividende ziehen.*" Eine Dividende ist immer positiv. Und „*neue Innovationen*" sind nicht neuer. Es scheint nur so.

Verben treiben die Handlung voran

Verben werben. Die oben bereits erwähnte Substantivierung haben wir bereits getilgt. Statt „*gezielt beim individuellen Fördern und Fordern jedes Einzelnen*" „*fördern und fordern wir jeden*

Einzelnen." Verben gehören an den Satzanfang. Das treibt die Handlung voran und fördert die Erzählung. Gut gewählte Worte lassen Bilder im Kopf entstehen und entwickeln die Story. Ähnlich dem weißen Schimmel und genauso sinnlos sind die Spreizverben. *„Zusammenaddieren, beinhalten, abändern, angedacht.*"

Vermeiden Sie schwierige Worte

„Wenn sich Texter mit mir über einen ausgefallenen Begriff streiten, den sie gern verwenden würden, empfehle ich Ihnen: Fahren sie mit einem Bus nach Iowa. Bleiben sie dort eine Woche auf einem Bauernhof, und reden sie mit den Bauern. Kommen sie dann mit dem Zug zurück nach N.Y., wenn sie diesen Begriff danach immer noch verwenden wollen, dann tun sie es." Von David Ogilvy.

Von passiv zu aktiv

Goethe schrieb in einer frühen Fassung von *Wilhelm Meisters theatralische Sendung: „Er hatte nichts bei sich, um das Verlangen des Kindes zu stillen.*" In einer späteren, überarbeiteten Fassung schrieb er: *„Er fand nichts bei sich, das Verlangen des Kindes zu stillen.*" Man sieht den Meister in seinen Taschen suchen, er tut etwas, und sogleich findet es unser Interesse. Danke, Wolf Schneider, für das schöne Beispiel.

Erweiterter Infinitiv. Ein zu zu viel

Passiv ist auch der erweiterte Infinitiv. Er bleibt langsam und uneindeutig. *„Unser Beitrag zur Brennstoffzellentechnik hilft, den Strom neu zu erfinden.*" Besser wäre: *„Wir liefern unseren*

Beitrag zur Brennstoffzellentechnik und erfinden damit den Strom neu.“

Was sagt man dazu? *„Bietet Ihnen die Möglichkeit, Ihre Kinder zu unterrichten, um sich das Erlernte klar zu machen, Stärken und Schwächen zu erkennen und neue Ziele zu setzen – das motiviert immer mehr sicher zu handeln und komplexe Situationen zu meistern.“ „Unsere Expertise bei der Energieeffizienz ist die beste Art, Geld zu sparen, und nun auch die beste Art, die Umwelt zu schützen.“* Tilgen Sie den erweiterten Infinitiv oder ersetzen Sie ihn durch die konjugierte Form des Verbs.

Übung: Finden Sie die Probleme Wort für Wort
„Höchsterstattungspreise für patentgeschützte Analogpräparate ohne zusätzlichen gesundheitsökonomisch evidenten Kosten/Nutzen-Vorteil sowie eine Zweitmeinungsverordnung für Praxisbesonderheiten mit hohen Jahrestherapiekosten und hohem Risikopotential treiben eine konsequente Kostendämpfungspolitik auch im innovativen Bereich auf die Spitze.“
...

Sprechen statt schreiben
Die Angst vor dem weißen Papier führt zur Schreibblockade? Jetzt zählt es und alles muss sich wichtig anhören. Dabei schreibt sich plötzlich vieles komplizierter als es ist?

Fragen Sie den Schreiber, ob er erklären kann, was er schreiben wollte. Er spricht und plötzlich wird alles verständlich! Schreiben

Sie das auf! Sprechen ist manchmal der bessere Zugang zum Text. Sind Sie selbst der Schreiber, sprechen Sie zu sich selbst und zu den Lesern.

Schreiben Sie an Freundin, Freund, Tante, Onkel, Oma oder Opa

Schreiben Sie über jeden Text „*Liebe Anna*". Stellen Sie sich vor, Sie schreiben für eine Person, die Sie kennen. Der Text wird sofort persönlicher und Sie schreiben ganz sicher nicht: „*Wer auf die natürlichen Ressourcen Rücksicht nimmt, kann die Welt bewegen, Schwächen vermeiden, Stärken fördern und Verkehrsmobilität menschlicher gestalten.*"

Übung: Nehmen Sie einen bestehenden Text und schreiben Sie an Anna.

Text braucht Struktur und Abwechslung

Für einen Moment lassen wir das Bild außen vor, selbst wenn das prinzipiell nicht geht, und widmen uns größeren Textmengen.

Text wird selektiv wahrgenommen
Wie viel Text wir lesen, hängt von unserer selektiven Wahrnehmung ab. Manchmal liest man eine Headline. Ein anderes Mal eine ganze Katalogseite, dann liest man in der Tageszeitung und das Supermarktangebot unten rechts. Eine Headline oder einen kurzen Fließtext. Im Brief die letzte Zeile. Haben Sie schon einmal eine Autobroschüre oder eine Bedienungsanleitung für den Fernseher von vorn bis hinten gelesen? Bis zur Sitzlederauswahl oder dem Remote Control? Sie lesen im TV und im Internet. Lesen Sie, was Sie wollen. Tatsache ist, irgendwann lesen Sie.

Übung zur Reihenfolge der Text Wahrnehmung.
Stellen Sie sich eine weiße Din A4 Seite vor. Auf dieser Seite verteilen sich folgende Textsorten:

Headline
Bildunterschrift
Sub.Headline
Slogan / Claim
Intro
Zwischenüberschriften
Copy ...

Was bedeutet in 1., 2. oder 3. Ordnung?
Zur Veranschaulichung. Welcher Textteil wird als erster, zweiter und dritter wahrgenommen? Welche Beziehungen werden hergestellt? Ist eine Struktur erkennbar? Die Erhöhung der Spannungsverhältnisse und Kontraste im Layout führen zu Fokus und Ordnung.

Schulen Sie Ihren Blick für die Textteile und deren Struktur. In welcher Reihenfolge werden Textteile wahrgenommen und welche Funktion haben sie für die bessere Lesbarkeit aller Textsorten.

Riskante Einlaufwette
Ergebnis und Interpretation der Wahrnehmungswahrscheinlichkeiten. (Das ist das längste Wort in diesem Buch.) Von allen Textsorten wird die Headline als erstes gelesen.

Bildunterschrift, BU
Die Bildunterschrift als zweites. Sie ist die Textsorte, die am liebsten gelesen wird. Sie schauen zum Bild und wollen lesen,

was darunter steht. Die Grafiker Neville Brody und David Carson haben vorgemacht, dass lange BU´s Spaß machen. In die Bildunterschrift kann man Romane schreiben!

Bildunterschriften sind Teaser für den Text. Sie gehen über das bloße Beschreiben und Nacherzählen dessen, was sowieso zu sehen ist, hinaus. Sie liefern Hintergründe zum Bild und steigern die Neugierde auf den eigentlichen Text.

Sub. Headline

Nach der Bildunterschrift nehmen wir wahrscheinlich die Sub. Headline wahr. Die Sub. Headline steht optisch unter der Headline. In den besten Fällen funktioniert sie wie die Auflösung zur Headline: *„Vorteil Graf. Andre Agassi geht vom Platz."* Weiter in der Sub.Headline: *„Warum der Tennisstar für seine Familie die Karriere aufgibt."* Die Sub.Headline löst idealerweise auf. Headline: *„NEID-RIDER."* Sub.Headline: *„Mehr Stil, mehr Extras mehr Wow."*

Die ideale Konstruktion von Headline und Sub.Headline folgt meist dem Prinzip: Auslösendes Ereignis in der Headline und Auflösung in der Sub.Headline. Das auslösende Ereignis zieht die Aufmerksamkeit des Lesers auf sich. Die Sub.Headline vertieft und erklärt. **Headline:** *„Wie schafft ein britischer Zauberlehrling neue Jobs in Ostwestfalen."* **Sub.Headline:** *Entdecke die Zusammenhänge der Wirtschaft. Internetadresse."* Ein **Automobilhersteller** schreibt in der Headline: *„Adrnlin"* und in der Sub. Headline: *„Verdichtete Intensität."*

Slogan / Claim

Gleich nach der Sub.Headline, oder gleichauf, erfolgt die Wahrnehmung des Slogans oder Claims. Je nach Blickverlauf! Das kommt auf die Gewichte, Spannungsverhältnisse und Kontraste im Layout an.

Zwischenüberschriften

Viele Zwischenüberschriften machen jeden Text besser. Sie strukturieren große Textteile. Sie sortieren die Gedanken des Lesers und Ihre. Jede Zwischenüberschrift ist ein neuer Einstieg und ein neues Argument.

Intro – Lead in

Bei längeren Texten ist das *Intro* oder *Lead in* der Einstieg. Die Intro-Struktur für Langtexte ist bei Werbung und PR gleich. Die W-Fragen bringen es auf den Punkt: **wer, was, wann, wo, wie viel, wie, warum?** Beantworten Sie jedes der Wörter mit einem Satz und Sie haben die inhaltliche Struktur des Intros.

Copy Basisstruktur

Nach Headline, Sub.Headline und Bildunterschrift erfolgt der Einstieg in den eigentlichen Fließtext, Copy.

Der **erste Absatz** muss Spannung erzeugen und dem Leser einen Gewinn (Spannung, Überraschungen, Informationen, Neuigkeiten) versprechen. Der erste Satz bezieht sich immer auf die Headline. Er nimmt sie ab und führt in den ersten Absatz ein.

Eine Nachrichtenagentur empfiehlt: Der erste Satz muss kurz sein, und er darf kein Komma enthalten.

Der erste Absatz der Copy ist kürzer als der zweite. Das Absatzende oder der Cliffhanger machen neugierig auf den nächsten Absatz. Der letzte Satz eines Absatzes sollte immer so formuliert sein, dass er neugierig auf den nächsten Absatz macht.

Im **Mittelteil** erfolgt meist die Reihung der Argumente. Die Argumente sind als **Ansteigende Reihe/Klimax**, oder als **Dramatisierende Reihe** angeordnet und sortiert. Ansteigende Reihe oder Klimax meint, vom weniger Wichtigen zum Wichtigen. Dramatisierende Reihe bedeutet, mit dem stärksten Argument einsteigen, dann leicht abfallen und mit einem starken Argument enden.

Das **Ende** der Copy nimmt immer Bezug auf den **Anfang**, auf die Headline oder auf die Textidee. Der letzte Absatz ist kürzer als der vorletzte. Claim und/oder Slogan schließen die Copy ab. Der Text sollte mit einer Aufforderung, auch Schlussappell genannt, enden. Manchmal kann dies auch der Slogan/Claim übernehmen. *(Ausführliche Storytelling Aspekte im zweiten Teil.)*

Ein kurzes Beispiel für einen **Uhrenhersteller**. Headline: *„Für Männer, die ihre Kronjuwelen am Handgelenk tragen."* Copy: *„Warum Männer mit Stil keinen Schmuck tragen? Weil ein Zeitmesser wie dieser Schmuck genug ist. Das elegante Gehäuse enthält ein Taschenuhrwerk mit Pellaton-Aufzug und einer*

Gangreserve für 7 Tage. Und damit man sich an der inneren Schönheit auch erfreuen kann, besteht der Boden aus Saphirglas. So außergewöhnlichen Schmuck könnte man doch fast an beiden Handgelenken tragen, oder?"

Die Copy startet mit einer Frage. Fragen ziehen den Leser in den Text. Die Antwort und Auflösung der Headline folgt sogleich. Der Mittelteil reiht drei Argumente, in ihrer Wichtigkeit aufsteigend hintereinander. Das Ende wird auf den Anfang zurückgeführt und enthält eine Aufforderung, auch Schlussappell genannt, wieder in Frageform.

Die Frage nach Antworten

Gute Texte stellen Fragen. Genau die Fragen, die Ihre Zielgruppen wirklich interessieren. Meist sind es die unangenehmen, konkreten Fragen, die direkt zum Problem führen. Die Zielgruppe fühlt sich berührt.

Eine Mutter sitzt mit ihrer Tochter im überfüllten Wartezimmer des Arztes. Die Tochter fragt laut: *„Mutti, bekommt man bei jedem Urlaub die Syphilis?"* Der Werbekommentar schließt ab mit: *„Nichts ist härter als die Wahrheit."*

Ein **Industrieunternehmen** fragt: *„Warum müssen Nachrichten von Europa nach USA eine Schiffsreise machen?" „Warum gibt es keinen Telegrafen, den jeder bedienen kann?"* Oder: *„Wären Straßenbahnen nicht besser als Pferdekutschen?"* Aufgeworfene

Fragen verlangen nach Antworten, und genau das ist der Grund zum weiterlesen.

Wörtliche Rede. Rede mit mir

Bernice Kanner schreibt: *„If God is in the details, then advertising power is often in the dialogue."* Wörtliche Rede wird in Werbetexten viel zu wenig genutzt.

Wörtliche Rede als Element der Erzählung treibt die Entwicklung der Geschichte voran. Die Rede besitzt einen starken Aufforderungscharakter. Der Schlussappell als wörtliche Rede kann starken Eindruck hinterlassen. Beim Monolog erhält der Leser direkten Zugang zum Denken und Handeln des Protagonisten und wird dadurch involviert. Die Subjektivität der Sprache stellt Nähe zu den Personen her und schafft Identifikation. Das macht die Geschichte erlebbar und in hohem Maße nachvollziehbar.

Die Wahl der Worte, des Jargons, des Dialektes und der Betonung sind das Entscheidende. Neben den Feinheiten der Wortwahl und des Jargons ist bei schlechten Texten immer wieder auffällig, in welchem Zusammenhang Sprache zur Handlung steht. Sagt eine Person in größter Not nach einem Unfall tatsächlich: *„Da muss ich aber erst einmal meinen Versicherungsberater von der B. anrufen?"* Nein. Übrigens, ein schönes Beispiel für das unvermittelte Einbrechen der Erzählsituation des Kommunikators in die Handlung. (Die Erklärung des Phänomens erfolgt auf Seite 83.)

Die Funktionen der wörtlichen Rede

- Hilft der Charakterisierung von Personen
- Treibt die Erzählung voran
- Interpretiert und deutet die Erzählung
- Stellt Bezüge zwischen Erzählung und Kommunikator her
- Steigert das Lesevergnügen

Der Monolog

Für den Monolog, auch innerer Monolog, und Dialog gilt grundsätzlich die Regel der gesprochenen Sprache. Das geschriebene Wort ist noch keine Sprache und der Betrachter erkennt sofort, ob Sprache authentisch ist oder nicht. Sprache dient der Ausbildung von Charakteren. Jeder Charakter reagiert entsprechend seines Hintergrunds und seiner Herkunft und dementsprechend müssen sich diese Reaktionen ausdrücken. Welcher Sprachstil vorherrscht, ist wesentlich für die Rolle, ihre Glaubwürdigkeit und den Kontext der Geschichte.

Der Dialog

Beim Dialog stellt sich immer die Frage der Informationsweitergabe, d.h. welche Information will man weitergeben und welche vorenthalten? Und welche Informationen überlässt man der Erzählsituation des Kommunikators?

Gute Dialoge zeichnen sich durch die Nähe zur Handlung und zum Thema aus. Guter Dialog funktioniert Schlag auf Schlag. Wie bei einem Schlagabtausch müssen die Zeilen aufeinander reagieren. Ein Beispiel für einen Automobilhersteller:

Anna: „*Alles bereit?*“
Sarah: „*Ich glaube schon.*“
Anna: „*Zwei Kanonen?*“
Sarah: „*Haben wir.*“
Anna: „*Zwei Strumpfmasken?*“
Sarah: „*Dabei.*“
Anna: „*Große Taschen?*“
Sarah: „*Im Kofferraum.*“
Anna: „*Es läuft wie abgesprochen?*“
Sarah: „*Ja, wir gehen rein, ich halte die Leute in Schach, und du sackst die Kohle ein, dann nichts wie weg. Ich fahre!*“
Anna: „*Nein, ich fahre.*“
Sarah: „*Nein, ich fahre.*“
Anna: „*Dann vergiss es, ich steige aus!*“
Logo und Claim des **Automobilherstellers**.

Zitate sprechen

Neben der wörtlichen Rede sind Zitate bekannter, kompetenter oder interessanter Menschen wie ein Lesezeichen. Sie lockern den Text auf und man liest ihn gern.

„*Bitte wenig Tee in den Zucker.*“ Lucky Luke

Besser, Sie machen ab jetzt alles anders

Bilden Sie Textgemeinschaften. Lassen Sie Werbe- und Verkaufstexte im Büro laut vorlesen. Veranstalten Sie Business Poetry Slams zur Happy Hour. Spielen Sie **Bullshit Bingo**.

Beim Texten kann jeder mitreden. Das Gegenteil von *„Viele Texter verderben den Brei“* führt bei der richtigen Moderation zu wirkungsvollen Meisterwerken. Erstaunliche Ergebnisse werden auf dem Papier lesbar.

Gemeinsames Texten verändert Ihr Unternehmen. Texten erhöht die Motivation der Mitarbeiter und das Verständnis für externe und interne Zusammenhänge. Es schult das taktische und strategische Verständnis für Marketing und Verkauf. Und es macht Spaß.

Niemand kann besser über Produkte schreiben als derjenige, der sich tagtäglich damit auseinandersetzt. Plötzlich spricht der Text mit Leidenschaft, und Insiderwissen stellt Nähe zur Zielgruppe her – Stallgeruch überzeugt. Das können externe Texter nur schwer leisten.

Besonders bei hoch spezialisierten Unternehmen herrscht häufig große Unzufriedenheit bei der Textqualität. Ein Werbetexter ist eben kein Mechaniker, Chemiker oder Elektrotechniker. Wo großes Fachwissen gefragt ist, schreiben Auftraggeber die Texte besser selbst. Gute Texte von Fachmann zu Fachmann können nur Fachfrauen und -männer schreiben. Es ist leichter, begabten Fachmännern und -frauen das Texten beizubringen, als Textern ein spezielles Fachgebiet.

Als Beweis, nachfolgend zwei Texte aus dem Katalog eines Messtechnikherstellers, die von Mitarbeitern, Text-Laien, mit externer Moderation, geschrieben wurden. Man spürt die emotionale Verbindung zur Zielgruppe, zu deren Traditionen, Problemen, Bedürfnissen und Wünschen.

Von: Nico Ramser
Zum Öffnen der Cola und zum Preis einer Kinokarte
Blankenhorn Standard-Taschen-Messschieber

Noch zwei Wochen bis zur Prüfung. Drei Jahre Ausbildung sind dann vorbei. Ich brauche unbedingt einen Messschieber für den großen Showdown – den Prüfungsvorbereitungskurs. „Heh, Hannes! Aufwachen!“, ruft eine kräftige Stimme. Meister Berger hat mich aus meinen Gedanken gerissen. „Wir haben noch zehn Minuten“, sagt er, „euer letzter Werkunterricht neigt sich dem Ende zu. Habt ihr noch Fragen?" „Ja, Herr Berger, für den praktischen Teil der Prüfung soll ich einen analogen Messschieber mitbringen. Welchen empfehlen Sie?" Herr Berger holt eine Holzkassette unter seinem Pult hervor. „Ah! Da ist er ja!" Er hält mit stolzem Gesichtsausdruck einen Messschieber in seiner Hand und schmunzelt: „Dieser Messschieber hat mich bis zur Schlosser-Meisterprüfung begleitet. Damit hab' ich schon einige Kronkorken knallen lassen und er zeigt immer noch tadellos das Messergebnis an. Der M04R von Blankenhorn. Robust und zum Preis von Titanic und einer Tüte Popcorn." Es klingelt. Die Schüler springen auf und Meister Berger ruft uns hinterher: „Viel Glück bei der Prüfung!"

Von: Sabrina Grujic-Kohlhepp

Das messen Sie mit links

Blankenhorn Taschen-Messschieber für Linkshänder

Schon mal eine Schere in die linke Hand genommen und versucht, damit zu schneiden? Rechtshänder dürften damit ihre Probleme haben. Ein berühmter Linkshänder war Goethe. Er schrieb den Erlkönig mit links. Muhammad Ali verdankte seinen sportlichen Erfolg einer starken Linken. Zum Glück hat niemand von Michelangelo verlangt, dass er seinen berühmten David mit rechts aus dem Marmor schlägt. Linkshänder sollten ihren Alltag mit links meistern, deshalb haben wir gleich zwei Messschieber für Linkshänder in unserem Sortiment. Alles ist für die linke Hand gearbeitet und die Skalen werden beim Ablesen nicht mehr verdeckt. Sie haben freie Sicht auf alle Einstellungen und können jetzt den Nonius mit links ablesen.

Und wie geht es jetzt besser?
In der Gegenüberstellung von Headlines aus gleichen Branchen und teilweise gleichen Versprechen soll der Qualitätsunterschied im Text noch einmal verdeutlicht werden. Selbst wenn nicht immer exakt die gleichen Versprechen gegenübergestellt werden – bessere Headlines sind für jedes Versprechen möglich.

Eine **Versicherung** schreibt: *„Erfolgreich ist, wer flexibel reagiert."* Die bessere Versicherung schreibt: *„Wenn alle gleich sind, sind wir besser."*

Eine **Supermarktkette** schreibt: *„Für den besonderen Genuss."* Die andere Supermarktkette schreibt: *„Genüsse für Außerirdische"* Schließt man da nicht jemanden aus? Nein, Sie sind der Außerirdische!

Ein **Autohersteller** schreibt: *„Außergewöhnliche Flexibilität, die sich Ihren Bedürfnissen anpasst."* Der andere Autohersteller schreibt: *„Legendewagen."*

Ein **Kaffeeproduzent** schreibt: *„Die Kunst des Kaffees."* Der andere Kaffeehersteller schreibt besser: *„Nach 5 ´Uffs´ nehm ich mir ein ´Mmmh`."*

Eine **Tageszeitung** schreibt: *„Durchschlagkraft besitzt nur der Präziseste."* Die andere Tageszeitung schreibt als Ankündigung einer Konferenz: *„Kreative Zerstörer der deutschen Wirtschaft."*

Ein **Uhrenhersteller** schreibt: *„Pure Performance, Absolute Precision."* Der Konkurrent schreibt: *„Für Männer, die ihre Kronjuwelen am Handgelenk tragen."*

Eine **Finanzberatung** schreibt: *„Der lustvollste Aspekt jeder Strategie ist der Erfolg."* Die konkurrierende Finanzberatung schreibt: *„Ab 1. Januar gelten neue Gesetze für Vermögen ab 50.000 Euro."*

Eine **Zeitschrift** wirbt mit: *„Das neue Magazin hat das, wovon Ihre Mitarbeiter träumen."* Die andere Zeitschrift wirbt besser: *„Achtung: Es wird gleich anstrengend und frustrierend und langweilig und deprimierend und grau und auch ein wenig nervig. Willkommen in Deutschland. P.S.: Das Wetter wird auch scheiße."*

Ein **Mineralölkonzern** schreibt: *„Gekonnte Kombination. Könnte es sein, dass Produktionskapazität und Produkt- und Servicequalität ein untrennbares Ganzes bilden?"* Der konkurrierende Mineralölkonzern schreibt: *„Als Einzige verkaufen wir Markenkraftstoff günstiger. Sind wir eigentlich bescheuert?"*

Das **Fastfood Restaurant** schreibt: *„Willkommen im Sparadies."* Der **Limonadehersteller** schreibt: *"33 cl gegen innere Leere."* Der **Messtechnikhersteller** schreibt: *„Messen ohne Risiken und Nebenwirkungen."* Selbst die **Müllabfuhr** textet gut: *„Wie oft kannst Du kommen?"* Und auf den **Kotzbeuteln im Flugzeug** liest man: *„Vielen Dank für Ihre Kritik."*

Für welches Unternehmen entscheiden Sie sich? Die Frage ist rein rhetorisch. Die Antwort eindeutig.

Copy Strategy

Kennen Sie den? *"Ja, ähm, also wir brauchen da noch einen Text. Sie wissen schon: mit Pep, aber nicht unsere Kunden verschrecken. Es muss natürlich zum Produkt passen. Unsere Top-Qualität muss rüber kommen, unsere schnellen Lieferzeiten, der Rundumservice, die besonders innovative Technik und unsere guten Preise. Ich stelle mir einen richtigen Knaller vor, damit wir es allen zeigen können, aber nicht zu frech, wir sind ja seriös. Das Wichtigste ist, es muss verkaufen!"*

Das ist kein Briefing. Viele Auftraggeber arbeiten nicht mit Gestaltungs-Briefings, **Copy Strategy**, und das ist ein Fehler. Sie sind das Instrument für die Moderation von Gestaltung.

Die Copy Strategy ist auf eine Din A4 Seite beschränkt und sortiert die Gedanken aller Beteiligten am Prozess. Das Geschmäcklerische wird im Zaum gehalten und das zähmt auch Entscheider. Diese müssen das Briefing nämlich vorab abnehmen. Die Beurteilung wird erleichtert und von der emotionalen auf die rationale Ebene gebracht. Dann hört man auch den folgenden Satz seltener: *„Das hab ich mir aber ganz anders vorgestellt!"*

Zu organisatorischen Zwecken kann man Jobnummern oder Zeitpläne mit einarbeiten. Das Formular sollte für jedes Werbemittel genutzt werden. Die einzelnen Unterpunkte müssen kurz, knapp und prägnant formuliert sein. Nur zwei Begriffe sollen angesprochen werden. Die weiteren Punkte erschließen sich aus dem Formular.

Beim **Kommunikationsziel** muss man sich für das Wichtigste entscheiden. Bekanntheit, Information, Aufmerksamkeit oder Image. Mehr als diese vier K-Ziele gibt es nicht! Hier sollten ein bis zwei konkrete Sätze genügen.

Das **Versprechen** kann als USP, oder als SMP/Single Minded Proposition (einzigartige Positionierung) formuliert sein und sollte in ein bis zwei Sätzen aufgeschrieben werden. Bei umfangreichen Broschüren kann man die konkreten Versprechen und Nutzen einzelner Kapitel herausarbeiten. Dadurch wird der logischen Abfolge und der Argumentationstiefe Rechnung getragen.

Gute Gestaltung antizipiert die Motive der Kunden
Ein gutes Briefing ist zwar keine Garantie für guten Text, aber es ist eine Bewertungsgrundlage und der erste Schritt zu guten Ideen, die bei der Zielgruppe wirken.

Formular für die Copy Strategy auf der nächsten Seite:

Copy Strategy

Kunde: **Marke/ Produkt:**

Werbemittel:
Print, Vkf, Promotion, Direct Mail, TV, Kino, Online

Zielgruppe:
Einstellungen, Motive, Neukunden, Bestandskunden, Soziodemografie.

Kommunikationsziel:
Bekanntheit, Information, Aufmerksamkeit, Image

Versprechen, Nutzen, USP:

Reason Why:
Warum sind die Versprechen richtig? Was beweist die Richtigkeit?

Pflichtbestandteile:
Corporate Design, Corporate Language

Stil und Tonalität:

Zeitplan:

Ideen sind nie unseriös

Manche Auftraggeber haben Angst vor Texten mit Ideen, denn sie sind selten logisch erfassbar und bleiben immer ein wenig unerklärlich, weil sie emotional wirken. Gestaltung ist keine Mathematik. Hier gilt 1 + 1 = 3. Wie sind Ideen konstruiert?

„Egal, was Du denkst, denk das Gegenteil", Paul Arden

Wir haben feststellt, dass sich die Kommunikationsgestaltung innerhalb von Branchen mehr gleicht als unterscheidet. Weniger Unterscheidung bedeutet weniger Aufmerksamkeit und kein Licht am Ende des Tunnels. Die Abkehr von eingetretenen Pfaden ist deshalb für die Werbung so wichtig. Über das Gegenteil nachzudenken, erzeugt deshalb mehr Reibung und produziert die interessanteren Perspektiven, Herangehensweisen und Lösungsansätze. Dieser Ansatz, in manchen Marketing Publikationen auch als Paradigmenwechsel beschrieben, führt zur Innovation. Paul Arden, ehemaliger Kreativ Direktor bei Saatchi & Saatchi, beschreibt das Erfolgsgeheimnis in seinem gleichnamigen Buch sehr anschaulich. Wer´s nicht glaubt, lese es selbst – strengstens zu empfehlen.

Die Kontextverschiebung

Ein Unwort, aber ein weiterer Ansatz, Ideen und deren Konstruktion zu erklären. Was gute Ideen auszeichnet, ist die Tatsache, dass sie meist zwei unterschiedliche Kontexte verbinden. *„Messen, ohne Risiken und Nebenwirkungen"* verbindet den Pharma-Jargon mit der Messtechnik. Die Headline *„Verstandsvorlage"* für die Financial Times verbindet oberste Priorität *„Vorstands-*

vorlage" mit dem Verstand. Die Kontexte werden übereinander geschoben und entwickeln neue Bedeutung. Ein größeres Versprechen entsteht, verstärkt durch die Story.

In diesem Spannungsfeld, oder in der Kluft zweier Wirklichkeiten, entsteht Story und manchmal Comedy.

Beim Wortspiel steht ein konkretes Wort in direkter Beziehung zu mindestens zwei Wirklichkeitsebenen. Beispiel: *„Morgen fahre ich in Urlaub", fühlt Frau Enke bei ihrer Nachbarin vor. „Aber was mache ich mit meinem Kater?" „Kein Problem", antwortet die Nachbarin. „Zwei Alka Seltzer zum Frühstück, und weg ist er."*

Das Abweichen von Normen

Ein MUSS für alle Gestalter ist das Buch *Abweichen von der Norm* von Werner Gaede. Meinem ehemaligen Professor an dieser Stelle ein herzlicher Gruß. Es erklärt das Phänomen guter Ideen mit dem Abweichen von gelernten Mustern, Regeln, Normen und Konventionen. Alle Formen möglicher Abweichungsmuster und –regeln kann man sich in diesem Buch an 12.652 farbigen Beispielen erlesen.

Gute Ideen weichen immer ab. Sei es als Wortspiel, Doppeldeutigkeit, Verfremdung oder rhetorisches Muster. *„Geiz ist geil"* schrieb Saturn. *„Geiz ist nicht geil"* schrieben die *SOS Kinderdörfer* auf einer Spendenanzeige.

Gute Ideen besitzen immer eine klar erkennbare Form. Ist die Form uneindeutig, dann bleibt die Idee missverständlich.

Checkliste. Kriterien guter Headlines

Das *Creative Game* beginnt mit der Entwicklung von Überschriften. Bevor wir zu konkreten Kreativtechniken kommen, eine kleine Sammlung der Kriterien guter Headlines:

Einprägsam
Gut verständlich
Überraschend
Aufmerksamkeitsstark
Weckt Neugierde
Erzählt eine Geschichte
Erzeugt Spannung
Humorvoll oder/und provokativ oder/und emotional
Spielt mit Sprache. (Rhetorik, Doppeldeutigkeiten etc.)
Deutliches Versprechen oder Nutzen
Starker Bezug zum Thema/Inhalt
Regt zum Nachdenken an
Spricht zum Leser
Trifft die Tonalität des Unternehmens

Creative Game: Reizwortanalyse

Zu jeder Kreativtechnik gehört eine Einstimmung ins Thema und eine Copy Strategy. Diskutieren Sie die Aufgabenstellung, die Probleme und die Erwartungen an die Kampagne. Danach ist jede Kritik im Kreativprozess verboten! Jede Kreativtechnik kann bis auf 60 Minuten ausgedehnt werden.

Die Reizwortanalyse ist ein Prinzip der Synektik. Zwei Bedeutungsfelder, das Versprechen und ein Reizwort, werden miteinander verknüpft, obwohl sie ganz und gar nichts gemeinsam haben. Man nennt dies ***Force fit***.

Es beginnt mit der Definition des Versprechens in einem Satz. Dann nehmen Sie sich eine Zeitung, ein Buch oder ein Lexikon und schlagen willkürlich eine Seite auf und tippen blind mit dem Finger auf die Seite. Stopp! Dieses Wort nehmen wir, ja, genau dieses. Was lesen Sie da, Hüftgelenkprothese? Das macht keinen Sinn! Ist total absurd, blöd oder Banane? Sehr gut. Dann nehmen wir es. Anders gesagt: Probieren Sie nicht, ein passendes Wort für Ihre Versprechen oder Ihr Produkt zu finden. Das taugt nichts.

Sinn der Technik ist es, ein Wort aus einem fremden Kontext zu wählen, zufällig. Jedes Wort passt. Und was nicht passt, wird passend gemacht. ***Force fit*** ist der Ausdruck für das passend machen. Gut sind Substantive, die ein starkes Bild enthalten. Mit Gewalt zwingen Sie das Wort auf das Versprechen und überlegen, welche Assoziationen, Parallelen und Verbindungen zwischen Reizwort und Versprechen herstellbar sind und einen neuen Sinn ergeben. Untersuchen Sie den Begriff und ergründen Sie, aus welchen Gedanken sich eine Headline ableiten lässt. Das Wort selbst muss in der vorgeschlagenen Überschrift nicht vorkommen! Der Moderator schreibt die Zeile auf ein Flipchart oder direkt in den Computer und beamt sie an die Wand, damit alle mitlesen können.

Auf jede Kreativtechnik folgt eine Bewertungsphase. Man liest die Headlines laut vor und jeder Teilnehmer, der den entsprechenden Vorschlag gut findet, kann ein „Kreuz" geben. So ergeben sich Häufungen und eine Gewichtung. Bei der Bewertung stehen die Kriterien guter Headlines und die Treffgenauigkeit des Versprechens bzw. des Briefings im Vordergrund.

Viele Übungen wurden in Trainings durchgeführt. Sie sind selbst gestellt, frei erfunden und folgen keinen Interessen von Auftraggebern.

Zuerst das Versprechen in einem Satz zusammengefasst: *Das Pilsener ist die Ur-Berliner Type mit frecher Schnauze.* Die Kampagne zeigt lediglich ein Foto der Flasche vor rotem Hintergrund. Die folgenden Ergebnisse sind eine Auswahl. Die Kreativtechnik wurde mit Studenten der Hochschule für Technik und Wirtschaft Berlin, HTW, durchgeführt.

1. Reizwort: Sex
Berlins next Top Model
Sexpack für den Sommer
Berliner Kurvenmodell
Auf immer und ewig
Für Alex und Else

2. Reizwort: Polizei

Geschmack, der Dich verhaftet
Uniformiert im 6er Einsatzwagen
Staatsfreund Nummer 1
Der Regierende

3. Reizwort: Freizeit

Berliner Luft – Berliner Wasser
Sprung ins kühle Nass

4. Reizwort: Restaurant

Zum Kochen, Braten, Backen
Das Bier zur Currywurst
Berlin geht durch den Magen
Hier trinkt der Chef
Öffnen Sie eine Frage

Und jetzt Sie
5. Reizwort: Hüftgelenkprothese

...
...
...

Großer Vorteil der Reizwortanalyse ist, dass sie sofort Ergebnisse produziert und sehr gut alleine gespielt werden kann. Noch ein Tipp: Fragen Sie sich nicht, wie man von Sex auf Abwrackprämie kommt. Die Ergebnisse müssen mit dem Reizwort nichts mehr gemeinsam haben.

Creative Game: Kettenreaktion

Die folgende Technik ist ab drei Teilnehmenden sinnvoll. Die Teilnehmenden nehmen ein leeres Blatt Papier und notieren zunächst das zentrale, möglichst einzigartige Versprechen auf dem Papier. Dann schreibt jeder so viele Headlines untereinander, wie ihm in 3 Minuten einfallen. Nach 3 Minuten beginnt die Kettenreaktion und das Blatt wird an den rechten NachbarIn weitergegeben. Diese lesen die Headlines und schreiben weitere hinzu. Sie lassen sich von den Headlines auf dem Papier inspirieren und können die bereits geschriebenen Headlines ergänzen oder schreiben ganz neue. Nach weiteren 3 Minuten wechselt das Papier wieder zur rechten NachbarIn. Lesen, schreiben, weiterreichen; lesen, schreiben, weiterreichen usw. Solange, bis jedes Blatt einmal die Runde gemacht hat.

Danach erfolgt die Bewertungsrunde. Die Blätter werden wieder weitergegeben und die Teilnehmenden kreuzen an, welche Headlines die Gestaltungskriterien und das Versprechen bzw. das Briefing erfüllen. Die Blätter werden so lange weitergegeben, bis jeder jedes Blatt zur Beurteilung hatte. Weitergeben, ankreuzen; weitergeben, ankreuzen.

Bei einigen Headlines werden sich die Kreuze häufen. Das sind die Guten. In der Regel werden die verantwortlichen TexterInnen die Headlines nacharbeiten.

Neue Technik – altes Briefing.

Zuerst das Versprechen in einem Satz zusammengefasst: *Das Pilsener ist die Ur-Berliner Type mit frecher Schnauze.* Die nachfolgenden Beispiele repräsentieren die gewerteten Ergebnisse und sind bereits eine Auswahl.

xx Kreuze

Kreuzberger Nächte sind lang
Berliner Volksentscheid
Die Pilsbrause
Was kühles Blondes aus Berlin
Berlins schönste Blondine
Hol mir mal ne Flasche Bier
Da steppt der Berliner Bär
Dickes B von der Spree
Die Regierung wechselt, die Banken fallen, das Bier bleibt
Für echtes Bulettengefühl
So perlt die Großstadt

xxx

Die goldene Mitte
Auf die Berliner Schnauze
Berlin macht blau
Willkommen in Bierlin
Der Dicke und der Berliner
Für Tiergarten und Biergarten

xxxx
Die schönste Art, den Bizeps zu trainieren
Am Sonntag will mein Süßer mit mir Segeln gehen
Berlin schäumt über
Heute gehen wir Pilse sammeln

xxxxx
Mit dem Zweiten sehen Sie besser
Findet man auch ohne Stadtplan
Flasche sucht Mann

xxxxxx
030 alles andere ist 0815
Lippenbekenntnis

xxxxxxxx
Schatz, ich komm heut später

Ein Tipp. Interessant ist immer wieder, dass auch Headlines mit weniger Kreuzen in der Schlussbeurteilung gut abschneiden können. Die Euphorie und der Wortwitz lassen in der Beurteilungsphase den Verstand manchmal durchdrehen. Also nichts zu früh in den Papierkorb werfen. In der Regel werden auch hier die verantwortlichen TexterInnen die Headlines nacharbeiten.

Beide Methoden liefern unterschiedliche aber sehr gute Ergebnisse.

Creative Game: Kettenreaktion, zweites Beispiel. Diese Ergebnisse entstanden bei einer Übung an der Hochschule für Technik und Wirtschaft, Berlin.

Zuerst das Versprechen/Botschaft in einem Satz: *Eine Kirche braucht Spenden für die Errichtung eines Glockenturms, der im zweiten Weltkrieg zerstört wurde.* Wir suchen eine Headline für die Titelseite des Spenden-Flyers. Die folgenden Beispiele repräsentieren die gewerteten Ergebnisse und sind eine Auswahl.

xx
Gläubiger sucht Turm
Ein Kling Klong fürs Ding Dong

xxx
Turmlose Kirche sucht Spender
Ihre Spende wird erhört
Good Vibrations
Ihre Spende ist Musik in unseren Ohren
11. Gebot. Du sollst nicht geizig sein.
2 Scheine für ein Halleluja
Gib mir meinen Turm zurück
Im 63. Jahr auferstanden
Investieren Sie in Gott
Der Glaube versetzt Türme
Bringen Sie Ihr Geld zum Klingen

xxxx
Mama, was ist ein Kirchturm?
Du sollst den Turm begehren
Wer spendet, kommt in den Himmel
Hören Sie Ihre Spende klingeln
Geld macht doch glücklich

xxxxx
Das Runde muss ins Eckige
Süßer die Spenden nie klingen

xxxxxx
Höher kann man Geld nicht anlegen
Es ist noch kein Turm vom Himmel gefallen
God Vibrations
Machen Sie uns glöcklich

Die Kettenreaktion stimuliert mit jedem Papierwechsel. Durch die neuen Impulse schaukeln sich die Teilnehmer gegenseitig hoch und wollen sich mit guten Ideen übertreffen.

Vom Wort zum Bild
Hier nur ein kurzer Einwurf. Die gute Headline erzählt die Geschichte hinter dem Bild. Sie beschreibt nicht das Bild selbst, sondern eröffnet eine neue Interpretation des Bildes. Ein Automobilhersteller zeigt den Innenraum seines Fahrzeuges und schreibt darüber „*Innenraum.*“ Langweilig. Viel besser wäre zum Beispiel „*Wohnzimmer.*“ Die Kombination von Headline

und Bild erzeugt ein Spannungsverhältnis und eröffnet Spielräume der Interpretation. Ein neues Bild entsteht im Kopf des Betrachters mit starkem Bezug zum Versprechen und zum Briefing. Alle Vöglein fliegen hoch!

Ausführliche Beispielsammlungen von Wort-Bild Mustern, siehe Werner Gaede, Abweichen von der Norm und Gaedes Ideen-Handbuch.

Der Einstieg in den Langtext

Das waren nun zwei Kreativtechniken für das spielerische Finden von Headlines und Textideen. *Reizwörter* wurden analysiert und *Kettenreaktionen* ausgelöst. Die nun folgenden Creative Games - Textperspektive und Wortschatz-Container dienen der Ausarbeitung längerer Texte.

Creative Game: Textperspektive
Die Textperspektive schult das Verständnis für Betrachtungswinkel und Story. Sie umkreist ein Thema und sucht nach Blickwinkeln, aus denen heraus man auf ein Thema oder Versprechen blicken kann. Sie ist ein Ideenlieferant für ungewöhnliche Ein- oder Ausblicke und der Spiegel einer erlebten Welt.

Der Text spricht aus dieser Perspektive zum Leser und stellt einen überraschenden Bezug zum Versprechen und zur Zielgruppe her.

Ein kleiner Geistesblitz
Abbildung: Ein Reh steht auf der Straße und blickt uns an. Der Text steht mitten im Bild: *„Es ist Paarungszeit. Das heißt, die*

Hirsche sind wie wild hinter uns her. Erst heute hat mich einer verfolgt. Kein schlechtes Fahrgestell. Und dazu ein großes Geweih, dunkle Augen, glänzendes Fell. Er war direkt hinter mir. Ich konnte seinen heißen Atem schon spüren. Und plötzlich ist da dieses Auto. Ich seh´s, bleib steh´n. Und er? Türmt einfach – wer soll mich jetzt retten?" Die Sub. Headline, am unteren Rand des Bildes, schreibt: *„Such Dir einen aus: ABS, ESP Intelligent Light System und BAS Bremsassistent machen die Straße sicherer. Für jeden."* Achtung. Dies ist nur eine einzige Textperspektive. Es sind noch viele weitere denkbar.

Hat man sich für eine Textperspektive entschieden, liefert sie automatisch Wortschatz, Jargon, Satzbau oder Sprachstil. Die Perspektive wird vom Anfang bis zum Ende des Textes durchgehalten.

Das nächste Beispiel ist für Toilettensitze. Von Judy Lucke, Institut für Marketing und Kommunikation (IMK), Berlin.

Mit dem Po gedacht

Wir Mondgesichter haben es schwer. Wir sehen die Welt nur von hinten. Oft wird über uns gelästert oder wir bekommen grundlos einen Klapps. Als wär das nicht schlimm genug, sitzt man uns stundenlang platt und faltig. Von langen Sitzungen will ich gar nicht erst anfangen. Kein Wunder, dass wir dabei lange Gesichter machen. Schluss damit! Der „Nova" Toilettensitz, von einem anerkannten Designer für hochwertige Bürostühle entwickelt, erfüllt jeden Herzenswunsch eines Mondgesichtes. Die Klobrille mit anatomischer Form bietet ein Höchstmaß an Sitzkomfort und die Farben sind ein hinreißender Anblick. Die einzigartige Absenkautomatik zaubert glatt ein Lächeln auf Ihr Gesicht. Informieren Sie sich bei Ihrem Fachmann vom Sanitärhandel und –handwerk über die collection P. Ihr Mondgesicht dankt es Ihnen!

Übung: Aus welcher Perspektive heraus kann man über ein Rockkonzert schreiben?
Aus Sicht der Musiker, der Managerin, des Tonmeisters, der besorgten Eltern, der eifrigen Sanitäter, der Roadies, des Mikrofons, der Bühne, im Schlaf gestörter Nachbarn, der Barfrau, der Lautsprecherbox, der ersten Reihe, der draußen Gebliebenen, des Schminkspiegels, der Gitarre, der Groupies, usw...

Finden Sie bitte noch einige weitere...
Alle Perspektiven sind denkbar. Es dürfen auch unmenschliche sein. Bitte im Rahmen des Grundgesetzes. Geht man einen Schritt weiter und fragt sich, aus welcher Einstellung heraus die Perspektive spricht, eröffnen sich automatisch Sprachbilder und Wesen der Blickwinkel.

Bleiben wir kurz beim Groupie
Mit welcher Haltung betrachtet das Groupie dieses Konzert? Verklärt, enttäuscht, resigniert, sauer, eifersüchtig, verzückt, vorlaut... wie es Ihnen gefällt ... bitte denken Sie noch einen Augenblick nach.

Übung: Schreiben Sie drei Textperspektiven für das Rockkonzert. 1. Aus dem Blickwinkel des Groupies, 2. Aus dem Blickwinkel einer Sanitäterin. 3. Aus der Perspektive des Mikrofons.

Die **Textperspektive** beschreibt den erzählenden Blickwinkel. Manchmal wird daraus auch eine Person, ein Gegenstand oder ein Po. In der letzten Variante ist die Textperspektive, auch Point of view (POV) genannt, die **Ich-Erzählsituation** des Mondgesichtes. Jede Geschichte lässt eine andere Perspektive zu bzw. erfordert diese. Der Literaturwissenschaftler Franz Stanzel beschreibt drei Typen der Erzählsituation: Die auktoriale Erzählsituation, die Ich-Erzählsituation und die personale Erzählsituation.

Die auktoriale Erzählsituation

Der Erzähler steht außerhalb der fiktionalen Welt der Figuren und hat eine Außenperspektive. Dadurch ist ihm eine Außen- und Innensicht auf alle Figuren möglich. Er ist allwissend, d.h. ihm sind alle Elemente seiner Geschichte verfügbar und er kann die Geschichte (Zeitabläufe, Orte, Rollen, etc.) jederzeit neu organisieren. Typisch sind die direkte Anrede, Exkurse, Eingriffe in das Geschehen durch Kommentare, Rückwendungen oder Vorgriffe.

Die Ich-Erzählsituation

unterscheidet sich von der auktorialen dadurch, dass der Erzähler der Protagonist ist. Dieser erlebt das Geschehen oder beobachtet. In der Ich-Erzählsituation ist die Handlung am intensivsten mit dem Protagonisten verbunden. Er agiert aus der Erzählung heraus. Die Geschichte wird aus seinem Blickwinkel erzählt. Die Perspektive des Ich-Erzählers kann auch durch den inneren Monolog oder den Kommentar erzeugt werden.

Die personale Erzählsituation

Stanzel schreibt: „*Verzichtet der Erzähler auf seine Einmengungen in die Erzählung, tritt er so weit hinter die Charaktere des Romans zurück, dass seine Anwesenheit dem Leser nicht mehr bewusst wird, dann öffnet sich dem Leser die Illusion, er befände sich selbst auf dem Schauplatz des Geschehens oder er betrachtet die dargestellte Welt mit den Augen einer Romanfigur, die jedoch nicht erzählt, sondern in deren Bewusstsein sich das Geschehen gleichsam spiegelt. Damit wird diese Person zur persona, zur Rollenmaske, die der Leser anlegt.*“ Merkmale sind: Zurücktreten des Erzählers, scheinbar erzählerloses Erzählen, keine expliziten Einmischungen oder Wertungen eines Erzählers.

Die Erzählsituation des Kommunikators

An dieser Stelle muss eine Textperspektive speziell für die Werbung eingeführt werden. Es ist die Perspektive des Kommunikators oder Absenders, der an einer Stelle des Textes seine Versprechen und Botschaften ausdrücklich unterbringen will. Die Folge ist, dass sich Textperspektiven vermischen können. Und das ist gefährlich.

Die Erzählperspektive des Kommunikators kann jederzeit in Form von handelnden Figuren, Dialogen, Monologen oder als

Werbekommentar und Appell in die Handlung eintreten. Das ist nicht weiter schlimm, solange dies eindeutig ist.

Was allerdings nicht geht, ist, dass sich eine Erzählperspektive in die andere einschleicht und plötzlich dominieren will. Wird die dominante Erzählperspektive z. B. vom Kommunikator beeinflusst, entsteht ein Perspektivwechsel. Losgelöst von den Konventionen der Geschichte wird dann ein Versprechen vorgetragen, das die Erzählperspektive in den Kontext des Kommunikators zwingt. Das kann funktionieren, geht aber meistens schief. Im schlechtesten Falle verhält es sich so, dass der Kommunikator in die Handlung einbricht, ohne Zusammenhang zur Erzählung.

Im Folgenden werden die Bedingungen erläutert, wann ein Perspektivwechsel funktioniert und wann nicht.

Wenn der Perspektivwechsel hin zum Kommunikator unmotiviert und zusammenhangslos in die Erzählperspektive eindringt, ist das störend. In den meisten Fällen wird es vom Rezipienten als Bruch und als unglaubwürdig empfunden. Die Verbindung der Erzählung zum Absender wirkt aufgesetzt und lächerlich. Der Appell des Kommunikators ist unmotiviert und absurd. Bullshit. Missachten die Werbekommentare die Bedingungen der Geschichte auf der Handlungsebene, besitzen sie keine kausale oder plausible Bindung zur Erzählung.

Die Erzählung wird *ad absurdum* geführt, so, als hätte sie nicht stattgefunden oder sei nur von untergeordneter Bedeutung. An dieser Stelle fühlt sich der Betrachter genarrt, schließlich war er voller Interesse und hat eine interessante Auflösung erwartet. Was er bekommt, ist eine bloße Beschreibung oder Erklärung des Versprechens, aber kein Ereignis, das eine gute Geschichte im Grunde verspricht.

Die Erzählperspektiven müssen sich also klar und deutlich voneinander trennen. Dann können Sie beliebig oft in die Geschichte einbrechen. Wo Produktinformationen am Besten aufgehoben sind, ist immer abhängig von der Textperspektive, den Rollen und der Glaubwürdigkeit insgesamt.

Wer spricht wie und was?
Ein TV Spot als Beispiel für einen weniger gut gelungenen Point-of-view-Wechsel zum Kommunikator. Das Beispiel eignet sich, weil wir es mit Dialog zu tun haben.

Eine Verfolgungsjagd in der Großstadt. Thomas Gottschalk läuft die Straße entlang und bemerkt plötzlich, dass er von einem gelben Transporter verfolgt wird. Er flüchtet und kein Hindernis kann ihn aufhalten. Dabei hüpft er über Tische von Straßencafés, springt Betonwände hinunter, flüchtet über befahrene Straßen, landet auf einer Motorhaube, steigt in ein Taxi und während der Fahrt wieder aus. Überall der gelbe Laster, der ihn verfolgt. Schließlich rettet er sich in eine Telefonzelle und ruft seinen Bruder an. „Christoph, ein gelber Laster, er verfolgt mich überall!" Christoph steht auf einer befahrenen Straße, hinter ihm fährt ein gelber Laster vorbei, dem er nachschaut. „Ein gelber Laster, ist der vielleicht von XY, dem weltweiten Express-Service von Deutsche Z Welt Netz, der jetzt auch überall in Deutschland Pakete liefert?" „Ja", sagt Thomas und legt auf. Das Logo blendet ein.

Das Beispiel verdeutlicht, wie massiv der Kommunikator im Rahmen des Dialogs in die Handlung einbricht. Auf der Handlungsebene wird eine bedrohliche Verfolgungsjagd geschildert, plötzlich wird ein Anruf getätigt und Christoph Gottschalk fragt: *„Ein gelber Laster, ist der vielleicht von XY, dem weltweiten Express-Service von Deutsche Z Welt Netz, der jetzt auch überall in Deutschland Pakete liefert?"*

Das würde niemand in dieser Situation sagen. Christoph Gottschalk verändert seine Erzählperspektive und wird vom Protagonisten zum Kommunikator. Das geht nicht!

Im Ernstfall würde er Thomas vielleicht fragen: *„Hast du den Fahrer erkannt?" „Beschreib den Laster"*, oder: *„Thomas, du hast doch keine Laster!"* Das Problem ist, dass der Kommunikator eine Erzählperspektive erzwingt, die nicht plausibel im Sinne der Dramaturgie ist. Die Geschichte wird mit Gewalt in Richtung des Kommunikators gebeugt: *„Für alle Doofen, schaut her und lest. Wir erklären jetzt mal, wie toll dieses Produkt ist."* Das ist typisch für mangelhafte Erzählungen. Im schlimmsten Fall führt es zu Plausibilitätsproblemen und zum Ausstieg aus dem Text.

Natürlich ist nachvollziehbar, dass der Werbetreibende seine Vorteile und Nutzen nennen will, aber nicht an dieser Stelle und nicht in Form dieses Dialogs. Am Besten erklären sich Werbebotschaften durch Handlung. Ist dies nicht der Fall, bieten sich Doppeldeutigkeiten im Dialog für die Etablierung des Absenders oder seiner Botschaft an, weil sie weiterhin den Bezug zur Geschichte aufrechterhalten.

Eine weitere Möglichkeit für die Perspektive des Kommunikators ist der Kommentar oder Schlussappell. Eine andere Variante ist, die Textperspektive des Kommunikators von Anfang an einzuführen. Ebenfalls bieten sich in jeder Geschichte unterschiedliche Rollen an, die eine Kommunikator-Perspektive übernehmen können, wie z.B. der Fahrer des gelben Wagens. Ihm würde man die Perspektive des Kommunikators sogar abkaufen.

In vielen Fällen des falschen Perspektiven-Wechsels entstehen ungewollt humoristische Effekte. Das Eindringen des Absenders in die Erzählhandlung wird z.B. bei der Konzeption von Werbeparodien genutzt. Beim Wechsel der Erzählsituation zum Kommunikator wirken Versprechen und Nutzen auf der Erklärungsebene so übertrieben, dass sie absurd und komisch werden.

Weil wir Texte lieben, noch zwei Texte aus dem Werkzeugbau:

Textperspektive Patient:
Von Ulrich Blankenhorn

Das Unmögliche vermessen

Varianten-Messschieber für besondere Einsatzbereiche

Schon mal beim Arzt gewesen und „Aahhh" sagen müssen? Normalerweise kommt dann als Nächstes das Holzstäbchen in den Mund und drückt die Zunge nach unten. Wenn Sie wieder mal „Aahhh" sagen, kann es passieren, dass Sie plötzlich einen Messschieber im Mund haben, der Ihren Gaumen ausmisst! Das tut nicht weh, und gebohrt wird auch nicht. Wir entwickeln Messschieber für besondere Anforderungen. Von der Mundhöhlenmessung bis zur Messung von Bremsbacken. Wir messen das Unmögliche µ-genau. Das klingt vermessen, aber wer A sagt, kann auch Blankenhorn sagen.

Textperspektive Stellengesuch:
Von Nico Ramser

Der Mitarbeiter für große Aufgaben

Blankenhorn Bügelmessschraube bis 1500 mm Spannbreite, mit Messbereichen bis 100 mm

Kompetenter Mitarbeiter in der Qualitätssicherung gesucht. Ganztags oder im Schichtbetrieb. Ihr Einsatzgebiet sind Messbereiche über 300 mm. Zum Beispiel Kolbendurchmesser von 300,01 mm bis zu einer Genauigkeit von 1/100. Sie sind überdurchschnittlich formstabil und spezialisiert auf die Messung großer Teile. Ihr Spezialgebiet ist die geringe Materialdehnung bei großen Aufgaben bis 1500 mm; dabei vielfältig einsetzbar und belastbar. Präzision ist ihr Tagesgeschäft. Über ein Vorstellungsgespräch würden wir uns sehr freuen.

Creative Game: Wortschatz-Container

Abbildung: Zwei Hände in Großaufnahme, Hand in Hand wie ein Liebespaar, auf der Titelseite einer Zeitschrift dazu die Headline: *„Vorteil Graf. Andre Agassi geht vom Platz."* Weiter in der Sub. Headline: *„Diesen Donnerstag: Warum der Tennisstar für seine Familie die Karriere aufgibt."*

Der Wortschatz-Container sucht nach dem Wortschatz des Kontextes. Wird ein Kontext vorgegeben, hier Tennis, besitzt dieser einen eigenen Jargon, Schlüsselwörter und Codes. Im Kontext dieses Wortschatzes verbergen sich Textideen. Man muss den Sprachschatz nur heben. Die Vorgehensweise ist einfach. Suchen Sie nach Assoziationen, Jargon, Schlüsselwörtern und Codes des Kontextes und nutzen Sie diesen für die Headline Gestaltung.

Weitere Headlines zum Thema Tennis könnten sein: *„Spiel, Satz und Sieg für Agassi." „Graf und Agassi. 30 : Love." „Graf und Agassi. Das Familienfinale." „Liebesspiel für Agassi." „Match Point Familie."* Darauf folgt jeweils die gleiche Sub. Headline wie oben. *„Diesen Donnerstag: Warum der Tennisstar für seine Familie die Karriere aufgibt."*

Achtung, nutzt man die erstbeste Assoziation, wirkt das manchmal aufgesetzt und schnell platt. Wie z.B.: *„Formel 1. Voll abgefahren."*

Oder aus dem Schwarzwälder Boten (Der Spiegel, Hohlspiegel): *„Und so wurden die Gäste ganz andächtig und machten große Ohren vor Staunen – um auch keinen Ton zu verpassen. Es waren keine Schallwellen, nein ganze Schallwogen, die über die filigranen Lippen dieser Stimmmatrosen schwappten."*

Schreiben Sie einfach die zweite oder dritte Assoziation aus dem Kontext auf und versuchen Sie es nicht mit Gewalt. Es ist ganz leicht und ein einfacher Trick der Journalisten, den Sie täglich in der Zeitung lesen und lernen können.

Das Mailing einer Fluggesellschaft nutzt Wortschatz und Codes der Luftfahrt

Sehr geehrter Leser, meine **FRA***u und ich reisen gerne durch Deutschland: mit guten* **BRE***zeln in Bayern,* **HAM***burgern in Köln und lecker* **NUE***sschen in Bad Hersfeld. Unterwegs gu***CGN** *wir bei* **PAD***dy in Saarbrücken vorbei, sagen* **HAJ** *und trainieren in seiner* **MUC***ki-Bude ... Sammeln auch Sie schon bald viele Reiseerlebnisse aus Deutschland – und natürlich zahlreiche Prämienmeilen."*

Der **Wortschatz-Container** legt den roten Faden für den Text aus. Im Container befindet sich eine assoziative Stoffsammlung, die sich streng an den Vorgaben der Headline-Idee orientiert. Dadurch entsteht Sprachschatz, der von der Idee freigesetzt wird. Der Inhalt des Wortschatz-Containers wird zur spielerischen Formulierungshilfe und dient der Ausgestaltung der Fakten und Argumente.

Die Assoziationen werden in einem Dokument aufgeschrieben. Die Übung ist im Team möglich. In 5-10 Minuten haben Sie ausreichend Material und können mit der Formulierung des Textes beginnen.

Den folgenden Text kennen Sie bereits. Dienstagfrüh 9.45 Uhr. Erinnern Sie sich? Headline: *„Jede vierte Socke in DL stammt von uns."* Copy: *„Hätten Sie´s gewusst? Private und gewerbliche Kunden erleben bei uns das volle Leistungsspektrum des Handels – mit Sortimenten, die in puncto Vielfalt, Qualität und Preis keine Wünsche offen lassen. Unser Erfolg basiert dabei auf der konsequenten Orientierung an den Erwartungen der Kunden. Mit dieser Strategie haben wir uns zu einem der größten und erfolgreichsten Handelsunternehmen weltweit entwickelt. Die Group ist in 28 Ländern mit mehr als 240.000 Mitarbeitern tätig. Sie steht für umfassende Handelskompetenz, Internationalität und hohe Innovationskraft. Erleben Sie die faszinierende Welt des Handels."* Da dies in Wahrheit ein Bullshit Text ist, formulieren Sie diese Textvorgabe bitte um. Wie?

Übung: Schreiben Sie einen Wortschatz-Container für diesen Text
Die Headline *„Jede vierte Socke in DL stammt von uns"* ist gut und der Beginn einer Story, deshalb halten wir an ihr fest. Ihre Assoziationen richten sich jetzt streng an der Kernidee der Headline aus. Alle Assoziationen und Redewendungen, die man zu den Begriffen, *„Jede"*, *„vierte"*, *„Socke"*, *„in"*, *„Deutschland"*, *„stammt"*, *„von uns"* findet, sind richtig und gut. Es ist spielend leicht. Los geht's ...

Beispielhafter Wortschatz-Container

Gut zu Fuß, kalte Füße, von der Nordsee bis zu den Alpen, Wollsocke, Synthetik Socke, Nylonstrumpf, rote Socke, linke Socke, Ringelsocke, Omas Strickstrumpf, Schaf, Abstammung, überregional, ein Viertel, 25%, Sparstrumpf, Hühnerauge, Pippi Langstrumpf, Loch in der Socke, Sockenfabrik, Sockenhalter und –träger, von Socken und Menschen, von den Socken sein, Lederstrumpf, pilgern, barfuß, verlorene Socke, grüne Socke, Sommer oder Winter, Sandalen, Sockenpaare, alte Socke, arme Socke, Socken verschwinden in der Waschmaschine, auf die Socken machen, Tennissocken, stopfen, auf leisen Sohlen, Meilenstiefel, wir stricken an..., Sparstrumpf, 240.000 = 480.000 Beine, soweit die Füße tragen, Fußvolk, 1000-Füßler, Fußangeln, Lederstrumpf, faule Socke, Fuß in der Tür, ein Glied in der Gemeinschaft, kalte Füße bekommen, Masche, die Masche mit der..., Fußnoten, auf eigenen Beinen/Füßen stehen, etwas fußt auf..., bodenständig, auf die Füße fallen, hat die Oma viel zu stricken, in die Knie zwingen, Loch im Geldbeutel, Sockenschuss, Laufmasche, verwoben, Muster, zwei links zwei rechts, verhüllen, unser ganzer Stolz, Socken mit Stammbaum, Stammhalter, Nikolausstrumpf, Stiefel.

Blickt man in den Wortschatz-Container hinein und gleicht ihn mit der Textvorgabe ab, findet man automatisch Redewendungen und Textbausteine, die sich für die Formulierung von Inhalten eignen. Man findet darin Anfänge, Mittelteile und Enden. Natürlich müssen nicht alle Assoziationen des Wortschatz-

Containers verwendet werden. Jedem Leser springen andere Formulierungsideen ins Auge.

Übung: Formulieren Sie die Textvorgabe um

Schreiben Sie mit dem oben vorgeschlagenen Wortschatz-Container einen neuen Text. Die Erfahrung zeigt, dass alleine mit diesem Material unendlich viele Abwandlungen möglich sind.

Hier eine erste Variante

Headline: *„Jede vierte Socke in DL stammt von uns."* Copy: *„Eins, zwei, drei, vier, spätestens Ihr Nachbar ist mit unseren Socken gut zu Fuß. Fußkleider machen eben Leute. Neben Socken finden Sie bei uns alles, was dem Weg zum Handel lohnt. Ob Wollstrumpf oder Sparstrumpf – Qualität und günstige Preise stehen jedem gut. Das ist die Masche, die unseren Kunden gefällt. Mit dieser Strategie wurden wir zu einem der größten und erfolgreichsten Handelsunternehmen weltweit. In 28 Ländern haben Kunden einen Fuß in unserer Tür. 240.000 Mitarbeitern ist kein Weg für Sie zu weit. Erleben Sie unsere faszinierende Welt des Handels, zu Fuß."*

Lassen Sie sich den Text durch die linke und rechte Gehirnhälfte gehen, und schreiben Sie ihn neu. Dabei sollen möglichst alle Inhalte des Ursprungstextes erhalten bleiben.

Die nächste Denksportaufgabe vertieft Textperspektive und Wortschatz-Container gleichzeitig.

Übung: Suchen Sie eine neue Textperspektive für die collection P und bauen Sie die Idee mit einem Wortschatz-Container variantenreich aus. Für den Textaufbau nutzen Sie die Erzählstrukturen der Textvorgabe als Vorbild.

Textvorgabe

Headline: *„Ein Jahr sitzen."* Copy: *„Man spricht von kleinen Geschäften. Entschuldigt sich für einen Augenblick. Ist gleich wieder da. Rechnet man aber die Zeiten, die man so täglich hinter Schloss und Riegel verbringt, einmal zusammen, kommt leicht ein Jahr Ihres Lebens dabei heraus. Sollte man sich so gesehen nicht etwas mehr Gedanken darüber machen, wie gut man diese Zeit absitzt? Unser neuer Nova, von einem anerkannten Designer für hochwertige Bürostühle (!) entwickelt, bietet aufgrund seiner anatomisch konsequenten Form ein Höchstmaß an Sitzkomfort. Und einen ganz neuen Bedienungskomfort: Antippen genügt – und Sitz und Deckel schließen sich automatisch – ohne Fall und Knall. Zudem ist der Nova ein Glanzstück an Ästhetik. Ein wenig Luxus sollte Ihnen ein Jahr Ihres Lebens schon wert sein. Den Nova gibt es, wie all die anderen WC-Sitze aus der collection P, beim Fachmann vom Sanitärhandel und –handwerk."*

Zwei Varianten:

Von Boris Mewes, IMK

Heute wieder nachsitzen

Jeder kennt die Angst vor Prüfungen, den strengen Blick der Lehrer, oder den Tag der Zeugnisausgabe. Wenn dann noch ein blauer Brief droht, ist das Stress pur! Deswegen sagen wir Ihnen: einfach mal sitzen bleiben – entspannen, relaxen und den Druck ablassen. Oder auch öfter mal nachsitzen. Bei uns ist das keine Strafe, sondern Belohnung! Über das neue Modell Nova mit der einzigartigen Absenkautomatik und den vielen schönen Farben der collection P informiert Sie gern der Fachmann im Sanitärhandel und –handwerk, oder Ihr Schulleiter.

Von Marlen Schenk, IMK

Der Anpfiff

Der Pfiff ertönt, das Spiel beginnt. Doch Sie sitzen auf der harten Bank, weil Sie mit den neuen technischen Standards nicht mithalten können. Zeigen Sie Ihrer alten Klobrille die rote Karte und präsentieren Sie sich ab sofort in Bestform. Wir bringen Bankdrücker zurück ins Spiel. Mit dem neuen Nova stürmen Sie gerne die Toilette. Die einzigartige Absenkautomatik garantiert eine entspannte Partie und Sie sind relaxed bis zum Finale. Über den Nova mit der einzigartigen Absenkautomatik, die vielen schönen Farben und all die anderen WC-Sitze aus der collection P informiert Sie der Fachmann vom Sanitärhandel- und handwerk.

Ihre Variante collection P:

...

Prolog

Der ehrliche Autoverkäufer, aus Brand 1, 4/06

Den hier kann ich Ihnen empfehlen.
Nicht für jeden Zweck natürlich. Im Stadt-
verkehr verbraucht er zu viel Sprit,
und für die Autobahn ist er zu langsam.
Auf der Landstraße sind Sie damit aber
gut bedient. Außer es regnet. Und bei engen
Kurven kann es schon mal heikel werden,
die Lenkung hat sehr viel Spiel. Wir haben
leider oft Reklamationen, also sollten Sie
das Auto grundsätzlich nicht zu häufig fahren.
Aber das ist ja auch besser für die Umwelt.
Womit wir bei den Vorzügen dieses Wagens sind
– haben Sie unsere Werbung gesehen?
Toll, was? Und ich kann Ihnen versprechen:
Das sieht Ihr Nachbar genauso. Wenn
dieses Auto vor Ihrer Tür steht, wird er vor
Neid erblassen.

Wie und wo wirkt Story?
Über die Erzählung war bislang nur zwischen den Zeilen zu lesen. Jetzt gehen wir den Fragen nach: Wie und wo erreicht man Zielgruppen persönlicher und emotionaler? Was bedeutet erzählen? Wo liegen die Chancen der Story? Wie wird Text zur Story? Wie erzählen wir besser? Wie verändern sich Glaubwürdigkeit und Tonalität? Welche Erzählstrukturen und Erzählmuster sind nutzbar?

Storytelling gestaltet das Versprechen unter erzählerischen Gesichtspunkten. Die Story wird zum Träger der Botschaft. Sie fördert das Lesevergnügen und die Verweildauer im Text. Das Drama der Story erhöht die Aufmerksamkeit, steigert die Spannung und berührt Einstellungen und Codes der Zielgruppe.

Storytelling erzeugt Verständnis, Einsicht und Überzeugungskraft
Die Erzählung ist kein aggressiver Überzeugungsversuch. Sie verkauft einfühlsam. Vergleichbar mit einem Gespräch oder einer Unterhaltung. Dialog statt Monolog. Entscheidungen werden zuerst emotional getroffen und rational begründet.

Die Erzählung besitzt die günstigere Überzeugungskraft in allen Dimensionen der Beurteilung. Dieter Herbst schreibt über Storytelling: *„Zu den wichtigsten Wirkungen von guten Geschichten gehört, dass sie innere Vorstellungsbilder vom Unternehmen und dessen Handeln in den Köpfen der Bezugsgruppen entstehen lassen, auch ´Mental Images´genannt. ... Innere Bilder sind Gedächtnis-*

bilder, die vor unserem inneren Auge entstehen, wenn wir zum Beispiel an ein Unternehmen denken. ... Solche Bilder wirken sehr stark auf Meinungen, Einstellungen, Überzeugungen und Verhaltensabsichten."

Nutzen Sie die Tonalität, das Drama und die Überzeugungskraft der Erzählung (Narration)

Geschichten verändern die Tonalität der Texte. Sie wecken automatisch das Interesse des Lesers und erhöhen seine Aufmerksamkeit. Erzählungen zu folgen, bedarf keiner besonderen Anstrengung des Rezipienten. Wir sind mit Geschichten aufgewachsen.

Die Erzählung dramatisiert Inhalte, dadurch involviert sie mehr als der informative Text. Erzählen ist emotionaler als Beschreiben.

Geschehen statt Zustandsbeschreibung

Storytelling beginnt dort, wo Sie vom Beschreibenden ins Erzählen kommen.

Wie funktioniert gute Story? Gedanken zum Storytelling

T.C. Boyle, Autor von „Wassermusik", „Tod durch Ertrinken", u.v.a. stellt folgende Regeln auf: *Erste Regel: Du hast nicht länger als drei Sätze Zeit, um dem Leser plausibel zu machen, warum er deine Geschichte lesen soll.* Zweite Regel: Keine Ablenkungen, wenn der Leser an der Angel ist. Dritte Regel: Jede Story mit einem Plot ausrüsten, der auch für einen Roman gut wäre - offene Enden unterminieren die Kreditwürdigkeit des Autors. Vierte

Regel: Jede Ausnahme muss besser funktionieren als die Regeln eins bis drei.

James N. Frey, Autor von „Wie man einen verdammt guten Roman schreibt“, sagt: *Eine Geschichte ist eine Schilderung von Ereignissen. Eine Schilderung von folgenschweren Ereignissen. Folgenschwere Ereignisse, an denen menschliche Figuren beteiligt sind. Menschliche Figuren, die bemerkenswert sind.*

Die Geschichte ist eine Schilderung von folgenschweren Ereignissen (Konflikten und Komplikationen), an denen bemerkenswerte menschliche Figuren beteiligt sind, die sich infolge dieser Ereignisse verändern.

Die Voraussetzungen dafür, dass ein Text als erzählend, in hohem Grade narrativ, bezeichnet werden kann, sind:

1. Menschliches Handeln
2. Lokalisierbare Handlung
3. Zeitlicher Verlauf
4. Kausalität der Handlungsfolge
5. Überraschende Wendung
6. Sinn und Plausibilität

1. Menschliches Handeln
Die Handlung folgt einem Sinn oder einem erkennbaren Motiv. Handeln ist die Interaktion zwischen Menschen, meist getragen durch einen Konflikt und dessen Lösung. Das erzeugt erzählerische

Spannung und Strukturen. Protagonisten sind Handlungsträger oder Helden, die innerhalb der Geschichte agieren. Dieses Handeln kann auch von Tieren, wenn sie sich wie Menschen verhalten, ausgehen.

Experiment: Vorher-Nachher Vergleich an einem Originaltext für Software. Es wurde nur die Textperspektive vom „Wir“ zum „Ich“ verändert.

Vorher: *„Wolfgang B. hat den IT-Fitness-Test gemacht und die vorgeschlagenen kostenlosen Onlinekurse absolviert. Der Ausbau seiner Computerkenntnisse hilft ihm, sein Potenzial besser zu nutzen. Y und die Partner der IT- Fitnessinitiative fördern in den kommenden drei Jahren vier Millionen junge Deutsche wie ihn. Sein Weg und weitere Fakten unter: www.“*

Nachher: *„Ich hab den IT Fitness-Test gemacht und die vorgeschlagenen kostenlosen Onlinekurse absolviert. Der Ausbau meiner Computerkenntnisse hilft mir, meine Potenziale besser zu nutzen. Y und die Partner der IT Fitnessinitiative fördern in den kommenden drei Jahren vier Millionen junge Deutsche wie mich. Mein Weg und weitere Fakten unter: www.“*

In der **Ich-Erzählsituation** wird der Erzähler zum Protagonisten. Dieser erlebt das Geschehen. Die Handlung wirkt intensiver. Ein Beispiel: Ich-Erzählsituation und das Versprechen in der Headline für ein **Heilbad**: *„Ich habe die Kinder geweckt, angezogen, in die Schule gefahren und wieder abgeholt. Eingekauft, gekocht* *und die Wäsche gemacht. Jetzt bin ich dran.*" Oder anders gesagt: *„Man sieht nicht viele Menschen hier oben, aber meinen Postboten, treffe ich jeden Tag.*" Wörtliche Rede und Dialog sind sehr gute Gestaltungsmittel für die Erzählung, denn der Leser hört hin.

„Schachmatt", sagt der fliegende Teppich zum Flaschengeist. Im Zeichentrickfilm ***Aladin****. Der Flaschengeist greift sich an den Kopf, holt tief Luft und sagt: „Blöd, jetzt verlier i schon gegen einen Teppich!"*

2. Lokalisierbare Handlung

Das Geschehen ist lokalisierbar und an einen oder mehrere Räume gebunden. Die Erzählung grenzt sich von der restlichen Welt ab und formt ihren eigenen Kosmos, Erzählwelt genannt.

3. Zeitlicher Verlauf

Der zeitliche Verlauf kennzeichnet narrative Strukturen. Eine Geschichte zeichnet sich durch Handlungen in einem zeitlichen Verlauf aus. Dieser kann bis ins Extreme gedehnt oder verkürzt werden.

4. Kausalität der Handlungsfolge

Eine Erzählung besteht aus Kausalketten. Der Leser stellt zwischen Handlungseinheiten, aufgrund von Alltagswissen und physischen oder subjektiven Erfahrungen, Zusammenhänge her.

Überraschende, abweichende Handlungsabfolgen provozieren die Suche nach inhaltlichen Zusammenhängen. Der Zuschauer sucht nach kausaler Motivation. Er malt sich Geschichten und deren Bedeutung weiter aus!

Menschen erkennen auf Grund ihres Raum- und Zeitbewusstseins die Kontinuität und Folgerichtigkeit eines Ereignisses und gleichen den erzählten Kontext mit bekannten Erfahrungen ab.

5. Die überraschende Wendung

Die absehbare Abfolge der Ereignisse verläuft sprunghaft in eine unerwartete Richtung. Die Veränderung besteht aus einem vollständigen Handlungsverlauf. Die Überraschung bezieht sich auf die plötzliche und unverhoffte Wendung der Handlung.

Das führt zu einer veränderten Sicht der Dinge und legt eine neue Betrachtungsweise frei. Mit der Wendung (ggf. Pointe) tritt ein neuer überraschender Sinn-Entwurf zu Tage. Der Leser lernt an dieser Stelle die Botschaft, weil er die Wendung interpretiert und verstehen will.

Die überraschende Wendung in der Headline

Ein **Automagazin** schreibt: „*Unsere Redakteure würden sich auch für Shakespeare begeistern, hätte er Alfa und Romeo geschrieben.*" Der führende **Edelstahlverarbeiter** schreibt: „*Neu seit 1701.*" Ein **TV Sender** schreibt: „*Männer bohren nicht in der Nase. Sie streicheln ihr Gehirn.*" Alexander Schill schreibt für ein **Mineralwasser**: „*Ihr Körper braucht 1,3 kg Eisen im Jahr. Wir empfehlen: trinken.*"

Die überraschende Wendung in der Copy:
Von Matthias Strohm
Drehen Sie nicht durch
Digitale Bügelmessschrauben

Ohne Eigenrotation schieben sich die 50,27 mm² Messfläche der Messspindel in den Raum. „Mach langsam, Rüdi“, denkt er sich und spürt seinen heißen Atem auf dem Handrücken. „Jetzt bloß keinen Fehler machen.“ Die Zugfestigkeit und Streckgrenze des Sphärogussbügels sind Rüdis Geduld um Lichtjahre voraus. Dehnung und Schlagzähigkeit dieser einmaligen Gusslegierung wären einen Wunsch bei der letzten Sternschnuppe wert gewesen. Die Anlüftung ermöglicht schnelles Anfahren beim Anlegen des Werkstücks. „Jetzt nur nicht nervös werden.“ Zack, blitzschnell und ohne Verkanten fährt die Messfläche wieder an das Teil ran. „Noch mal, und Vorsicht!“ Das, was Rüdi hier in den Händen hält, ist kostbar und leicht zerstört. Aber es besteht kein Grund für Gefahr. Bei dieser Prüfmethode können keine polierten Flächen verkratzen. Langsam löst er die Gefühlsratsche. Sein Blick ist wie ein Laser auf die Digitalmessanzeige gerichtet. Konzentration, neues Anfahren. Präzise, schnell und ohne Verkanten. Verblüffend. Und noch mal... Rüdiger F. ist Astronaut. Er ist seit drei Jahren am nördlichsten Rand der Milchstraße als Wachposten stationiert und hat soeben erfolgreich ein Smarties vermessen. Es ist sein letztes.

6. Sinnhaftigkeit und Plausibilität

Sobald ein Betrachter versucht, in der Handlungsabfolge einen kausalen Zusammenhang zu entdecken, fragt er sich, was die

Geschichte bedeuten soll, oder in welchem Verhältnis er selbst zur Geschichte steht.

Eine Geschichte wird aus einer Perspektive heraus erzählt, die im Zusammenhang mit dem Thema einen besonderen Sinn ergeben soll. Der Betrachter sucht den Sinn in der Gesamtheit des Erzählten und will der Geschichte, ihren Perspektiven und überraschenden Wendungen, tieferen Sinn beimessen können.

Storytelling Headlines
Ein französisches **Weinbaugebiet** schreibt die Story bereits in die Headline: *„Fühlen Sie sich wie der Besitzer von einem Chateau. Für den Preis einer einzigen Flasche."* Eine Bildergeschichte, eine Textperspektive, gute Unterhaltung und großes persönliches Interesse.

Ein **Autohersteller** schreibt: *„Fahrzeug haftet für seinen Fahrer."* Eine **Boulevard-Zeitung** schreibt zur Abbildung einer Bibel. *„Unglaublich, Mann läuft übers Wasser."* Ein **TV Sender** textet: *„Männer drücken bei Liegestützen ihren Körper nicht nach oben, sondern die Erde nach unten."* Oder: *„Wenn Männer aufgeben, dann höchstens ein Paket."* Ein **Verband** schreibt: *„Nicht vergessen, Kupferrohre alle 650 Jahre wechseln!"* Ein **Mineralölkonzern** schreibt auf seine Zapfsäule ein Lied. *„Leise dieseln im Schnee."* Ein **Architekturmagazin** schreibt zur Winterausgabe: *„Let it snow, let it snow, let it snow."* Eine **Zeitschrift** schreibt: *„Pille weg, der Papst kommt."* Eine **Menschenrechtsorganisation** schreibt: *„Read this, you peace of shit."* Ein **Bundesland** schreibt: *„Mag* *sein, dass Bayern katholischer ist. Aber bei uns gehen mehr zur Messe."* Die Müllabfuhr schreibt: *„Mülltitalent."* Ein **Lektorat** schreibt: *„Ihr Urin stinkt? Probieren Sie's mit einem Trennungsstrich!"*

Übung: Schreiben Sie Storytelling Headlines

Aufgabe: Aus der Schuhbranche stammt folgendes Versprechen/ Headline. Abbildung des Schuhs. Headline: *„Qualität und Komfort."* Claim: *„Der Schuh zum Wohlfühlen."* Diese Schuhe brauchen dringend eine gute Story. Jetzt müssen Sie nachdenken, wie Sie vorgehen.

Welche Kreativtechnik? Reizwortanalyse, Kettenreaktion und Textperspektive stehen zur Verfügung. Suchen Sie sich ein Creative Game aus und schreiben Sie drei Seiten Storytelling-Headlines. Danach kritische Selbsteinschätzung und Analyse auf der Couch.

Text braucht Drama. Dramatische Strukturen kurzer Erzählungen

Die nächsten Seiten verdeutlichen die dramaturgischen Schritte, aus denen eine Kurzgeschichte gebaut wird. Der gut konstruierte Handlungsverlauf hält das Interesse des Lesers hoch.

Wer die Struktur der kurzen Story kennt, weiß zukünftig, ob sein Text dramaturgisch geordnet und sinnvoll ist. Fehlen wichtige Teile oder müssen Teile stärker herausgearbeitet werden?

1. Prolog (Vorgeschichte der Geschichte)
2. Exposition (Etablierung von Raum, Zeit, Ort und Rollen)
3. Auslösendes Ereignis (Konflikt tritt zu Tage, Anstoß der Veränderung)
4. Ziel und Zielentwicklung (In welche Richtung verändert das Ereignis?)
5. Konflikte und Komplikationen (Was stellt sich dem Ziel entgegen?)
6. Höhepunkt (Spannungshöhepunkt)
7. Wendepunkt (Entwicklung nimmt neuen Verlauf)

8. Auflösung des auslösenden Ereignisses (Tilgung des Konfliktes)
9. Endsituation (Präsentation der Versprechen/Botschaft, Coda, Moral)
10. Epilog (Auswirkungen der Veränderung, die Geschichte geht weiter)

Der **Prolog (1)** erzählt die Vorgeschichte oder stellt den besonderen Kontext der Geschichte her.

Die **Exposition (2)** dient der Etablierung der Ausgangssituation: des Handlungsortes, der Zeit, der Protagonisten und des Themas. Die Exposition enthält bereits alle Elemente, die Ausgangspunkt des Konfliktes sind. Diese müssen deutlich herausgestellt werden, damit sie Erwartungen stimulieren und im Nachhinein, rückblickend, einleuchten. Sie sollten nicht den Verlauf und das Ende vorwegnehmen oder nahelegen.

Das **Auslösende Ereignis (3)** ist ein Schlüsselereignis, eine Problemsituation oder ein besonderes Ereignis, das die Handlung in Gang bringt. Es gibt die Richtung der Geschichte vor und deutet das Thema an.

„Sucht mich das Glück am falschen Ort?" Fischli & Weiss

Kurzer Exkurs ins Glück: Die Konstruktion von Ereignissen
Jede erzählende Struktur enthält wenigstens eine Ausgangssituation, die in eine Endsituation mündet. Dabei unterscheidet sich die Endsituation durch mindestens ein Merkmal von der

Ausgangssituation. Die Wahrnehmung von Situationen und die Situations-Veränderung sind Bedingungen der Erzählung. Sie folgen dem Muster: Ausgangssituation - Transformation - Endsituation.

Wie kommt ein Ereignis zustande?

Anfang, Mitte und Ende einer Geschichte werden geprägt von Zuständen und Ereignissen. Deshalb ist es wichtig zu wissen, wie Ereignisse in Verbindung mit Protagonisten aus- und aufgelöst werden, wie eine eigenständige Erlebniswelt entsteht und welche Beziehungen von Protagonisten zu semantischen Räumen bestehen.

Das Ereignis ist Auslöser und Voraussetzung einer Veränderung in der Geschichte. Es weckt Aufmerksamkeit, löst Spannung aus und eröffnet einen Widerspruch, der auf seine Klärung wartet.

Das Zustandekommen eines Ereignisses definiert sich u.a. über das Verhältnis des Helden zu einem semantischen Raum. Figuren oder Objekte mit besonderen Merkmalen, Eigenschaften oder Werten bilden einen semantischen Raum. Das heißt, die Konstellationen erzeugen Bedeutung und wir schließen daraus, dass z.B. das Böse in der Hölle lebt oder das Gute im Himmel. Wichtigstes Merkmal eines semantischen Raumes sind seine Grenzen, die zunächst als nicht überschreitbar gelten. Der Böse wird nicht im Himmel und der Gute nie in der Hölle leben.

Die Grenzüberschreitung und Ordnungsverletzung
Von einem Ereignis spricht man, wenn eine Grenzüberschreitung des Helden von einem semantischen Raum zum anderen erkennbar wird. Die bestehende Ordnung wird dadurch verletzt. Es findet im Rahmen der Grenzüberschreitung eine Regelverletzung im Sinne eines Verstoßes gegen Regeln, Normen, Verbote oder Maxime statt. Es ist das Konstruktionsprinzip einer Erzählung, diese Grenzen zu überschreiten und neu auszuloten. Nach dem Ereignis ist nichts mehr, wie es war. Beispiel: Der Böse betritt den Himmel und stößt automatisch eine Reihe von Ereignissen an.

Was passiert mit dem Bösen im Himmel? Auf das Ereignis muss also eine Auflösung folgen. Diese Auflösung stellt das Gleichgewicht wieder her. Die anfängliche Ordnung wird ganz oder teilweise beseitigt. Das Ereignis findet eine Auflösung, auch Tilgung genannt.

Drei Möglichkeiten für die Wiederherstellung des Gleichgewichtes; nach Renner:

Die Herstellung des Gleichgewichtes
Die erste Variante ist die Rückkehr des Helden in den Ausgangsraum. Der Held ist in einen fremden Raum eingedrungen und hat ihn unverändert verlassen. Beispiel: Der Böse kommt zu Besuch in den Himmel und geht wieder, weil es ihm überhaupt nicht gefällt.

Die zweite Variante ist, der Held geht im Gegenraum auf und nimmt dessen Bedingungen an. Dadurch verliert oder verändert er seine alten Merkmale und wandelt sich. Die Figur verliert im Zuge der Grenzüberschreitung ihr konstitutives Merkmal und nimmt das oppositionelle Merkmal des anderen Raumes an. Beispiel: Der Böse aus der Hölle wird bekehrt und lebt fortan im Himmel.

Die dritte Variante ist die Veränderung des Raumes, in den der Held eindringt. Zwischen ihm und dem Raum besteht kein Widerspruch mehr. Die Grenzen des semantischen Raumes werden verschoben, aufgehoben oder neu gebildet. Beispiel: Der Böse und der Gute leben zusammen in einer neuen Welt, oder der Himmel wird zur Hölle.

Zurück zum Ziel und der Zielentwicklung (4). Bereits das auslösende Ereignis legt die Spur zum Ziel. Dieser Moment muss so prägend und bestimmend sein, dass er der gesamten weiteren Handlung als Motiv dient. Das Ziel wird unverschlüsselt, klar und deutlich formuliert. *„Meine Pickel bringen mich um." „Wie komme ich auf den Hund?" „Findet mich das Glück?"*

Der **Konflikt (5)** ist die Basis der Entwicklung einer Geschichte. Hinzu kommen **Komplikationen**, die sich am Basiskonflikt orientieren. Es sind die Hindernisse, die sich dem Ziel des Protagonisten in den Weg stellen. Jede Komplikation bestätigt die Notwendigkeit des Ziels und dient der Herstellung einer neuen Ordnung. Komplikationen dienen dem Spannungsaufbau und lassen die Protagonisten an der Aufgabe und ihrem **Ziel** wachsen. Dadurch verändern sich die Protagonisten.

Vielen Werbetexten fehlen Konflikt und Komplikation. Das liegt an der Auffassung, dass Werbetexte immer positiv sein müssen. Natürlich sollen Werbetexte positiv enden, aber erst Konflikt und Komplikation involvieren die Zielgruppe, denn es sind deren Konflikte und Komplikationen. Im Gegensatz dazu erstrahlen die Versprechen, Botschaften und Lösungen im hellsten Licht. Vom Problem zur Lösung ist der dramatisch bessere Text, anstatt immer nur Lösungen aneinander zu reihen.

Eine bewährte Erzählstruktur ist der Dreierschritt als Klimax: Drei Schwierigkeiten, drei Fragen oder drei Wahlmöglichkeiten. Der Dreierschritt ist die perfekte Spannungssteigerung kurzer Erzählungen.

Der **Höhepunkt (6)** ist die Sequenz mit der höchsten Spannung. Steht am Anfang ein Konflikt, ist der Zuschauer neugierig auf dessen Ausgang. Die Aneinanderreihung von Komplikationen und deren Intensität werden die Spannung steigern.

Der **Wendepunkt (7)** ist die überraschende, große Wendung am Ende, die den Verlauf der Geschichte auf den Kopf stellen kann. Die Wendung ist meist mit dem Höhepunkt identisch. Die Wende gibt der Geschichte eine neue Bedeutung und Botschaft.

Mit dem Wendepunkt einher geht meist die **Auflösung (8)** oder **Tilgung** des auslösenden Ereignisses. Alle offenen Fragen werden geklärt.

Exkursion zu geschlossenen und offenen Formen der Erzählung
Es gibt **geschlossene** und **offene** Formen. Die geschlossene Form entstammt der antiken Dramentheorie nach Aristoteles. Sie bevorzugt die symmetrische Anlage des Handlungsaufbaus und führt das Ende (Auflösung) auf das auslösende Ereignis des Anfangs zurück.

Die offene Form lässt zentrale Fragen der Erzählung und Handlung unbeantwortet. Offenheit meint Ungelöstheit. Das auslösende Ereignis wird nicht getilgt und verlangt dem Zuschauer weitere Beschäftigung ab. Die Offenheit kann sich auf die Handlung, ungelöste Figurenkonstellationen oder das Thema (Botschaft) der Erzählung beziehen. Sie provoziert in der Regel die Auseinandersetzung des Zuschauers mit der zentralen Frage des Themas und Ziels der Erzählung. Typisch für offene Enden sind Geschichten, die auf Fortsetzungen angelegt sind und Neugierde wecken wollen.

Offene Formen können Neugier und Nachdenken, aber auch Frustration aufgrund unerfüllter Erwartungen auslösen. Die Gefahr der Unzufriedenheit beim Leser auf Grund von Unverständnis oder nicht befriedigter Neugierde ist groß und kann bis zur totalen Ablehnung führen. Das ist meist dann der Fall, wenn die Auflösung nicht spannend oder interessant genug ist.

Vor allem darf man nicht davon ausgehen, dass sich der Rezipient ohne besondere Motivation für die Auflösung interessiert oder nach Erklärungen sucht.

Teaser- und Rätsel-Kampagnen bleiben offen. Sie wollen dem Publikum z.B. den Absender der Botschaft oder das Produkt vorenthalten und Neugierde wecken. In vielen Fällen des beabsichtigten offenen Endes erfolgt die Auflösung zeitverzögert. Bei Teaser- oder Rätsel- Kampagnen sollte die Auflösung des Rätsels eine größere Reichweite besitzen als der Teaser selbst, denn es besteht die Gefahr, dass die verzögerte Auflösung des Rätsels nicht alle Erst-Rezipienten erreicht.

Zurück zur Endsituation (9). Sie schließt sich direkt an die große Wendung an, und stellt den Bezug der Erzählung zum Rezipienten und dem Absender her, falls dies nicht schon früher geschehen ist. Was sind die Folgerungen für den Betrachter? Wer ist Absender? Welche Branding-Bestandteile, Claim, Slogan, Logo sind notwenig? Welche Botschaft soll der Leser aus der Erzählung mitnehmen? Die Endsituation wird häufig durch einen Werbekommentar (Voice over, Off-Sprecher, siehe Erzählsituation des Kommunikators) oder einen Schlussappell hergestellt.

Der **Epilog (10)** ist das Nachspiel des Dramas. Er bestätigt meist beispielhaft die Folgerungen der Geschichte und kann einen Ausblick in die Zukunft gewähren. Der Epilog ist eine Spielsequenz, nachdem die Geschichte zu Ende ist. Das Happy End wird weiter ausgemalt. Der **Prolog** und der **Epilog** bilden die Klammer der Handlung.

Geschichten setzen unterschiedliche Schwerpunkte hinsichtlich ihrer Dramaturgie

Grundsätzlich kann man drei Formen unterscheiden:

a. Geschichten, die das Zustandekommen eines Ereignisses gewichten

b. Geschichten, die das Zustandekommen der Tilgung gewichten

c. Geschichten, die Ereignis und Tilgung gleichrangig gewichten

Fragen für gute Storys

Vor dem Loslesen längerer Texte noch eine Checkliste mit Hilfsfragen.

1. Ist die Story einzigartig?
2. Hat die Story einen inhaltlichen Bezug zum Versprechen?
3. Transportiert die Zielentwicklung die Kernaussagen?
4. Berührt die Story Einstellungen der Zielgruppe?
5. Überrascht die Textperspektive?
6. Ist die Story dramatisch geordnet?
7. Werden Emotionen ausgelöst?
8. Ist die Erzählstruktur plausibel?
9. Kommt es zu einem Erkenntnisgewinn?

Storytelling Copy
Im Folgenden werden dramatische Strukturen für das Storytelling im Fließtext analysiert. Dabei soll angemerkt werden, dass nicht alle Teile der Basisstruktur in jeder Erzählung vorkommen müssen. Teile können ausgelassen, verkürzt oder wiederholt werden. Ein einziger Satz kann auch zwei Strukturelemente bedienen. Ebenfalls kann sich die Reihenfolge der Struktur verändern.

Abruptheit von Anfang, Mitte und Ende
Die Abruptheit von Anfang und/oder Ende ist ein typisches Merkmal von Werbegeschichten. Gemeint ist der schnelle, unmittelbare Einstieg in die Handlung ohne lange Vorgeschichte und das schnelle, verkürzte Ende. Das bedeutet aber nicht, dass der klassische Aufbau: Exposition, Konflikt, Höhepunkt, Wendepunkt und Endsituation prinzipiell verlassen wird. Anfang, Mitte, Ende bleiben erkennbar, es sei denn, die Reihenfolge der Struktur verändert sich oder Teile werden ganz ausgelassen. Typisch für Anzeigen ist, dass die Teilstrukturen insgesamt näher zusammenrücken.

Kurze Texte wählen den direkten Einstieg in die Handlung. Der Anfang wird zu Gunsten des Mittelteils und des Endes verkürzt. Werbegeschichten, deren Erzählstruktur stark verkürzt ist, konzentrieren sich meist auf die Veränderung des Ausgangspunktes.

Das schnelle Ende wird begünstigt durch die enge Verbindung von Höhepunkt und Wendung der Geschichte. Ist die Wendung der Geschichte erfolgt, das heißt der Spannungshöhepunkt überschritten, muss die kurze Geschichte auf den Punkt gekommen sein und mit dem Schlussappell abschließen. Es gibt keinen Grund mehr, weiter in der Handlung zu verweilen.

Typisch für längere Werbetexte ist, dass auf das auslösende Ereignis, das den Konflikt zu Tage befördert und Anstoß der Veränderung ist, eine ausführliche **Zielentwicklung** folgt, die gleichbedeutend ist mit der Argumentation für das Produkt oder die Dienstleistung. Im Sinne von Grund-Folge oder Problem-Lösung.

Auf die **Zielentwicklung** folgt in den meisten Fällen keine weitere Komplikation. Der Höhepunkt wird zum Argumentations-Höhepunkt. Danach folgen die Auflösung und die Endsituation und/oder der Epilog. Der Höhepunkt ist also kein Spannungshöhepunkt im Sinne des Dramas, sondern ein Lösungs-Höhepunkt. Das geht gut, wenn das auslösende Ereignis stark genug ist und der Fließtext kurz bleibt.

In den meisten Fällen besteht allerdings die Gefahr der Eintönigkeit bei der ausführlichen Zielentwicklung ohne weitere Komplikationen, besonders bei längeren Texten. Dem kann man entgegen wirken. Das später folgende Tankstellen-Beispiel verdeutlicht dies, indem ein ausgefeilter Stil, eine besondere Tonalität oder eine dramatische Beweisführung die Spannung im Mittelteil des Textes erhöhen.

Es ist noch Suppe da!

Ein Flyer-Text für **Suppen**. Seite 1: *„Gelbe Linsensuppe mit Aprikose und Chili."* Seite 2: **Auslösendes Ereignis und Versprechen**, Headline: *„Der Energie-Kick gegen das Fernweh."* **Komplikation**, Copy-Einstieg: *„Manchmal würden wir am liebsten alles stehen und liegen lassen, zum Flughafen sprinten und ganz weit weg fliegen."* **Zielentwicklung und Argumentation**. *„Weil das aber nur selten geht, trösten wir uns mit dem Duft von Gewürzen und genießen den belebenden Kick der Chilischote. Fladenbrot passt wunderbar dazu und mit einem Lammkotelett oder einem Stück Lachs wird"*, **überraschende Wendung und Endsituation**, *„ein ganzes Fernweh-Essen daraus."*

Die Headline auf Seite 2 beginnt mit dem auslösenden Ereignis und dem Versprechen. Dann geht es weiter mit der Zielentwicklung bzw. Argumentation und darauf folgt die Wendung, die zur Endsituation und dem Happy Meal führt. Der Schlusssatz nimmt den Anfang wieder auf.

Für Hundebesitzer

Abbildung: Ein Hund schaut treudoof in die Kamera. Die Headline wird zum **auslösenden Ereignis**: *„Ich lege ein Vermögen für Dich hin."* Copy und **Zielentwicklung**: *„Ich bezahle alles."* **Komplikationen**: *„Steuern, Versicherung, Medizin. Dein Spielzeug."* **Höhepunkt**: *„Deinen Unterricht."* **Überraschende Wendung und Endsituation**: Abbildung der Hundezeitschrift und Aufforderung im Slogan: *„Du liest, was Du liebst."*

Die Headline erzählt aus einer überraschenden Textperspektive, in der Ich-Erzählsituation, die ein starkes Motiv der Zielgruppe emotional anspricht. Die Geschichte endet mit einer überraschenden Wendung und gewichtet das Zustandekommen der Tilgung.

Für Deutschland zwei Texte mit gleicher Erzählstruktur
Auslösendes Ereignis, Komplikationen als Klimax, Höhepunkt und überraschende Wendung als Happy End.

1. Abbildung eines süßen 3-jährigen Jungen. Copy und **auslösendes Ereignis**: *„Du machst uns wahnsinnig."* **Komplikationen als Klimax**. *„Du bist eine Nervensäge und ein Zeitfresser. Ständig musst Du im Mittelpunkt stehen. Du bekommst Masern und Windpocken und siehst böse Monster im Schrank. Man kann dich nicht eine einzige Sekunde aus den Augen lassen."* **Höhepunkt**: *„Ja, du machst uns wahnsinnig:"* **Überraschende Wendung und Happy End**: *„Vor Glück."*

Übung: Ordnen Sie die dramaturgischen Punkte selbst zu.

2. Abbildung eines grinsenden Babys im Bademantel. Copy: *„Du stinkst. Wenn wir deine Windeln wechseln. Wenn du mal wieder stundenlang in der Matschepampe gebadet hast. Wenn du uns zeigst, dass man auch in Minka´s Katzenklo spielen kann. Mag ja sein, dass andere das stört. Uns nicht."*

„Du machst uns wahnsinnig" und „Du stinkst" sind starke auslösende Ereignisse. Im weiteren Verlauf steigern sich die Komplikationen bis zum Höhepunkt, darauf folgt die überraschende Wendung.

Eine Versicherung schreibt

Headline und **auslösendes Ereignis**: *„So kostet Sie Ihr Einsatz das letzte Hemd."* Copy und **Exposition**: *„Stellen Sie sich vor: Ihr Geschäftsbereich floriert, fährt gigantische Gewinne ein und setzt die Benchmark für das gesamte Unternehmen extrem hoch. Sie expandieren expotentiell und performen links wie rechts. Sie könnten sich auf ihren zahlreichen Lorbeeren ausruhen – wenn das nicht schon alle anderen täten."* **Konflikt und Komplikationen**: *„Die lieben Vorstands-Kollegen nutzen Ihren Drive nämlich aus, um selbst einen Gang zurückzuschalten. Dr. Müller hat mittlerweile Handicap 11, Herr Schulze eine neue Freundin und Kollegin Bratberg das goldene Abzeichen für Ausdruckstanz. Nichts gegen Freizeitspaß, aber bitte am Feierabend!"* **Höhepunkt**: *„Als Sie diese Arbeitsteilung beim Jahrestreffen mit dem Aufsichtsrat erwähnen und auf eine entsprechende Vergütung pochen, schlägt Ihnen Unverständnis entgegen."* **Wendepunkt**: *„Profilierungssucht entspräche nicht dem Corporate Spirit, der Jahresbonus sei gestrichen, genauso wie weiterführende Karrierechancen. So abgewatscht überlegen Sie, die Kollegen mit dem Golfschläger zu verprügeln und auf ihren Überresten ein Tänzchen mit Schulzes Freundin hinzulegen."* **Endsituation und Schlussappell**: *„Stattdessen atmen Sie ruhig durch und sparen sich die Luft für das Gespräch mit Ihrem Anwalt. R. Wir kämpfen um Ihr gutes Recht."*

Sagen Sie „Cheeese"!

Ein Anzeigendrama aus dem Jahr 1990 für einen **Kamerahersteller**. Wie man liest, wird gute Gestaltung nicht alt. Das ist wie mit gutem Wein. Es war gerade Wahlkampf zwischen Helmut Kohl und Oskar Lafontaine. Abbildung: Eine Meute Fotoreporter mit Blitzlichtgewitter. Headline, **Exposition** und **auslösendes Ereignis**: *„Wie der Bundeskanzler Nikon sieht."* Copy-Einstieg und Konflikt im ersten Satz: *„Egal, ob er Helmut oder Oskar heißt, er bekommt es mit uns zu tun."* **Ziel** und **Zielentwicklung**, **Reihung der Argumente als Klimax**: *„Denn seit über 20 Jahren wählt die absolute Mehrheit aller Profi-Fotografen eine unserer Kameras. Wahrscheinlich deshalb, weil die Politik unseres Unternehmens immer die gleichen Ziele verfolgt hat, nämlich bessere Arbeitsbedingungen für Fotografen, Forschung für den Fortschritt und höchste Zuverlässigkeit."* **Höhepunkt** und **Endsituation**: *„Und ein System, das einem größtmögliche fotografische Freiheit einräumt.* **Slogan** und **Epilog**: *N. Das Auge der Welt."*

In der Bildunterschrift steht. Die wird ja bekanntlich gerne gelesen und ist schön lang: *„Ein Foto von Fotojournalist Dieter Blum. Ein ganz alltägliches Bild für Politiker und andere Persönlichkeiten des öffentlichen Interesses. Denn jeder, der in diesem Lande etwas zu sagen hat, wird uns auf Schritt und Tritt begegnen. Oder besser gesagt, unseren Kameras. Übrigens, das Modell, das Sie in letzter Zeit immer häufiger sehen, ist unsere neueste Profi-Kamera, die FX."*

Die Textperspektive durchzieht den Text wie ein roter Faden. Der Wortschatz-Container *Wahlprogramm* schöpft die Idee der Headline variantenreich aus. Die Tonalität ist gleich bleibend und der Stil abwechslungsreich. Der Text besitzt keine überraschende Wendung am Ende. Er gewichtet nicht die Tilgung des auslösenden Ereignisses am Ende, sondern das Zustandekommen eines Ereignisses, das auslösende Ereignis, am Anfang. Die Bildunterschrift verstärkt und bestätigt das Ziel.

Zur Abwechslung ein Werbespot

Exposition: *Eine Polizeitruppe mit Kampfanzügen, Tränengasgewehren und Schutzschildern aus Plexiglas steht einer Meute von Demonstranten gegenüber und riegelt eine Straße ab.* **Konflikt**: *Sie feuern Tränengasgranaten in die Menge, die aber beim genaueren Hinsehen immer wieder direkt zurück auf ihre Plexiglasschilder prasseln.* **Komplikation**: *Die Polizisten schauen irritiert und gehen selbst in Deckung, ohne sich vom weiteren Abfeuern abhalten zu lassen.* **Höhepunkt** und **Wendung**: *Die Kamera zieht auf und man erkennt vor den Demonstranten einen Jungen in Sportkleidung, der die Granaten mit seinem Tennisschläger, wie einen Return, zurückschlägt.* **Auflösung**: *Der Titel blendet ein: „The hole city to train in."* **Endsituation und Coda**: *Das Logo des Sportschuhherstellers blendet ein mit dem Zusatz „urban training."* **Epilog**: *Eine Granate, die zurückgeschlagen wird, trifft zufällig eine Straßenuhr.*

Die Auflösung erfolgt durch den Slogan/Titel, direkt nach der überraschenden Wendung. Die Geschichte gewichtet das Zustandekommen der Tilgung.

„Hier sehen Sie die erste Anzeige, die durch Gedankenübertragung funktioniert."
Exposition und **auslösendes Ereignis**: *Copy: „Liebe Mediaplaner und Entscheider, immer wieder hören wir, dass unser Magazin nicht gelesen wird. Das hat uns bestürzt, denn wir nehmen diese Äußerungen ernst. Gerade daher haben wir uns gefragt: Nanu? Niemand liest unser Heft, aber alle wissen Bescheid ... da stimmt doch was nicht.*

Konflikt: *Warum ist denn ein von uns für gut befundener Autoreifen schon nach wenigen Tagen ausverkauft? Und warum meiden Millionen Autofahrer nach unserem großen Tunneltest baufällige Röhren und fahren andere Routen? Wir dachten immer, das hinge damit zusammen, dass 14 Millionen Abonnenten unser Magazin Monat für Monat aufmerksam lesen. Und nun: welche Ernüchterung. Ist all dieses Wissen bloßer Zufall? Eingebung einer höheren Macht? Haben wir umsonst recherchiert, geschrieben, gelebt?*

Ziel und **Zielentwicklung. Die Zielentwicklung lebt vom Konflikt und arbeitet dadurch die Versprechen, Fakten und Reason Why heraus**: *Das wollten wir genau wissen. Der erste Schritt: Meinungsbefragung. Nach Interviews mit 512 Probanden wurde klar:*

Nichts war klar – die Leute behaupten steif und fest, unser Magazin wirklich zu lesen. Lüge?

Im zweiten Schritt beauftragten wir ein Forschungsinstitut, das umfangreiche Tests und Studien durchführte. Die Erkenntnis: Wenn keiner uns liest, aber bewiesenermaßen eine so große Reaktion erfolgt, dann gibt es nur eine logische Schlussfolgerung: Alle Artikel, wie auch alle bei uns geschalteten Anzeigen, funktionieren durch Gedankenübertragung. Wow! Ist das nicht der helle Wahnsinn?

Höhepunkt: *Das würde ja bedeuten: Schon während unsere Redakteure schreiben, fahren die Informationen unseren Abonnenten direkt ins Gehirn. Spätestens aber, sobald unser Magazin gedruckt ist. Damit wären wir das schnellst wirkende und modernste Medium. Online- und Mobile-Marketing, das gute alte TV ... vergessen Sie´s. Unser Magazin wirkt 1000-mal schneller, intensiver, nachhaltiger. Und das, ohne zu lesen.*

Wendepunkt: *Gerade erforschen wir, ab welchem Zeitpunkt Anzeigen in unserem Magazin wirken. Vielleicht aktivieren Sie als Mediaplaner ja bereits jeden zweiten deutschen Mann just in dem Moment, da Sie sich entscheiden, bei uns zu schalten! Die Werbewirkung setzt dann bei fast 19 Millionen Menschen bereits vor der Schaltung ein. Ist Ihnen bewusst, was das heißt? Kein anderes Magazin schafft so etwas – falls man den Weissagungen der Wissenschaft Glauben schenken darf.*

Auflösung: *Nicht genug damit, wir gewannen noch eine weitere Erkenntnis: Wenn alles, was von uns kommt, per Gedankenübertragung wirkt, dann auch diese Anzeige!* **Endsituation**: *Deshalb müssen wir hier weder unser Motorwelt Logo zeigen – noch unsere Telefonnummer erwähnen. Denn da wir ohnehin permanent an Sie denken, haben Sie unsere Daten ja schon im Kopf – gedankenübertragungstechnisch gesehen.*

Epilog: *Folgerichtig müssen Sie auch keine einzige Zeile dieser Anzeige gelesen haben. Haben Sie auch nicht, oder? Geben Sie´s ruhig zu. Mit herzlichen Grüßen. Ihr Magazin, das kein Mensch liest.*

Der Leser verändert seine Einstellung und Haltung zum Text, weil das Unternehmen seine Textperspektive verändert. Erkennbar an der Sprache und der Tonalität, wie auch im folgenden Anzeigen-Beispiel für **Tankstellen**.

Alles Super

Abbildung: Ein großer Tropfen Benzin. **Headline und auslösendes Ereignis**: *„Als Einzige verkaufen wir Markenkraftstoff günstiger. Sind wir eigentlich bescheuert?"* Das **Intro** dient der **Entwicklung des Konfliktes** und schafft dadurch erhöhte Aufmerksamkeit: *„Können wir nicht rechnen? Möchten wir für das Bundesverdienstkreuz nominiert werden? Oder sind wir einfach nur nicht ganz dicht? Okay. Schließen Sie die Tür. Ziehen Sie die Vorhänge zu. Denn jetzt packen wir aus. Wir verraten Ihnen unser Betriebsgeheimnis."*

Copy und Zielentwicklung in Form von Argumentation.
1. Absatz: *„Sind Sie soweit? Fein. Wir auch. Also: der Grund, warum wir als Einzige günstiger sein können, heißt – Kunden. Genau genommen: verdammt viele Kunden. Denn wir haben mit Abstand die meisten Kunden pro Tankstelle. Und diese große Menge sorgt dafür, dass wir auf die Gewinnmarge kommen, die wir brauchen. Neben der höchsten Kundenzahl gibt es übrigens noch ein paar Trilliarden weiterer Kleinigkeiten, die uns helfen, Kosten zu senken und Geld zu sparen."* Zwischenüberschrift: „Das kann ja jeder sagen?"

Zielentwicklung und Beweisführung, Copy 2. Absatz:
„Klar. Aber wir können es auch beweisen. Ein Beispiel: Unsere Stationen stehen auf kleinen Grundstücken. Darum zahlen wir weniger Miete bzw. Pacht. Noch ein Beispiel? Wir bauen Tankstellen ausschließlich an viel befahrenen Straßen. Darum kommen wir mit jeder Tankstelle auf die Kundenzahl, die wir für unsere günstigen Preise benötigen. Und noch ein Beispiel: Wir verkaufen nur Dinge, von denen wir viel verkaufen können. Darum gibt es an X Tankstellen auch kein Heizöl, kein Petroleum und keine Zimmerspringbrunnen. Zwischenüberschrift: *„Glückwunsch! Sie sind Geheimnisträger!"*

Wendepunkt und Endsituation, Copy 3. Absatz: *„So. Im Prinzip wissen Sie jetzt, warum wir als einzige Markentankstelle günstiger sein können. Ach, wissen Sie was: da können wir Ihnen gleich den Rest auch noch erzählen, stimmt´s? Also: was wollen Sie wissen?*

Wie viel unsere Vorstände verdienen? Wie viele Kalorien ein Snickers hat? Nächstes Mal vielleicht. Wir melden uns bei Ihnen."

Bildunterschrift: *„Wir haben das Selbsttanken erfunden! Na ja, zumindest ein bisschen. Denn wir waren es, die 1973 das Selbsttanken in Deutschland eingeführt haben. Das haben wir auf traditionelle Art und Weise gefeiert. Mit einer Preissenkung von zehn Pfennig pro Liter.*

Nächste Bildunterschrift: *„Wir haben unseren Namen nicht erfunden! Unser Name ist nicht in Gruppendiskussionen einer Namenagentur mit soziodemografisch repräsentativen Zielgruppen entstanden. Wir haben ihn einfach vom Nummernschild unseres ersten LKW abgeschrieben. Das war günstiger."*

Die Ich-Erzählsituation, in diesem Fall *„Wir"*, stellt eine starke Bindung zum Unternehmen her. Der Absender wirkt nicht mehr anonym sondern wird greifbar. Er besitzt eine eigene Tonalität und einen besonderen Sprachstil. Den alten Lehrsatz, *„kein ich/wir im Text"* können Sie getrost über Bord werfen – ist Bullshit.

Übung: Ordnen Sie die dramaturgischen Punkte selbst zu und untersuchen Sie, weshalb der Text eine gute Rhythmik besitzt?

Praxis Beispiel Newsletter für ein Lektorat:
Headline: *„Erstes Werbelektorat mit TÜV-Plakette."* Copy: *„Schraube locker? Rad ab? Was macht ein Lektorat beim TÜV? Korrekt von A bis Z sollen die Leistungen von A. sein. Dass sie es tatsächlich sind, wollten wir uns und unseren Kunden von offizieller Stelle bestätigen lassen und haben uns deshalb selbst auf den Prüfstand gestellt: Im Oktober 2004 haben wir den Auditoren vom TÜV Tür und Tor geöffnet und uns zwei Tage lang unter die Lupe nehmen und ausfragen lassen. Das Urteil: tadellose Qualitätssicherung, ausgeprägte Kundenorientierung. Als erstes Werbelektorat wurde A. vom TÜV Rheinland nach DIN EN ISO 9001:2000 zertifiziert."*

Gute Headline, guter Einstieg, sehr guter Wortschatz-Container und viele Bilder. Die Alliterationen und die unterschiedlichen Satzlängen steigern Rhythmus, Dynamik und pointierte Aussage. Übrigens, Worthülsen wie *„Qualitätssicherung und Kundenorientierung"* tun plötzlich nicht mehr weh, weil sie in einen tollen Text eingebettet sind.

Pause!

Das sollte erst einmal verdaut werden. Falls Sie bisher in einem Rutsch durchgelesen haben, gönnen Sie sich eine Pause. Im Vorwort wurde versprochen, dass das Buch immer komplexer wird. Jetzt ist es soweit.

„Where´s the beef?“

Wie argumentieren Sie richtig? Hier einige grundsätzliche Gedanken zur Argumentationsfolge. Das Storytelling wird jetzt mit der wirkungsvollen Verkaufsargumentation verheiratet.

Gute Argumentation

Beim Langtext, der viel argumentieren muss, wird deutlich, dass die Zielentwicklung in mehreren Schritten und Einzelaspekten erfolgt. Dort, wo die Argumentation in den Vordergrund rücken muss, treten Storyanteile zurück, ohne die Hauptstory aus dem Auge zu verlieren.

Versprechen, Nutzen, Feature

Drei Begriffe müssen hierfür noch einmal genauer untersucht werden – Versprechen, Nutzen und Feature. Stellen Sie sich die Argumentation für einen Autoreifen vor.

Das **Versprechen/Benefit** lautet: Freude am Kurven fahren
Der **Nutzen** ist: Stabilität in den Kurven
Das **Feature** ist: Spezial gehärtete Gummikanten

Das Versprechen/Benefit

Die überzeugende Argumentation konzentriert sich auf die Versprechen, die auf persönliche und emotionale Kaufmotive der Zielgruppe einwirken. Im Business-to-Business Bereich sind das zum Beispiel das Erreichen von Zielvorgaben, finanzielle Vorteile oder geschäftlicher Erfolg. Wenn die Erwartungen der Zielgruppe mit Ihren Versprechen übereinstimmen, ist die Wahrscheinlichkeit, dass Sie überzeugen, am größten.

Das Versprechen ist im werblichen Sinne immer mehr als der reine Nutzen. Einige Slogans verdeutlichen den Unterschied. *„Ihr guter Stern auf allen Straßen.“ „Freude am Fahren.“ „Bezahlen Sie mit Ihrem guten Namen.“ „Hier sitzen Sie in der ersten Reihe.“ „Das König der Biere.“ „Wir machen den Weg frei.“ „Ich liebe es.“*

Der Nutzen

Der Nutzen ist die Konkretisierung der Versprechen. Der rationale Vorteil.

Das Feature

Das Feature ist die messbare Größe, bzw. das technische Detail, das den Nutzen bewirkt und das Versprechen begründet. Das Feature befriedigt allerdings nicht die Kaufmotivation der Zielgruppe!

Dezibelangaben, Luftwiderstandswerte, Milligrammangaben oder μ-Werte, also die rein technischen Werte, überzeugen nicht, weil sie nicht in Verbindung mit emotionalen und persönlichen Kaufmotiven stehen. Noch dazu werden Features als erstes vergessen.

Versprechen, Nutzen und Feature im Vergleich
Vergleicht man Versprechen, Nutzen und Feature miteinander, so ist der Impact eines Versprechens am höchsten, gefolgt vom Nutzen. Den niedrigsten Impact hat das Feature. Auf längere Sicht betrachtet, hält das Versprechen sogar seinen Impact auf hohem Niveau. Der Nutzen fällt stark ab und das Feature gerät fast ganz in Vergessenheit.

Das Feature wird in seiner Wichtigkeit im Entscheidungsprozess überschätzt! Das Problem in Texten ist, dass Features, Zahlen und Fakten viele technische Texte dominieren und unlesbar machen, weil man glaubt, Features würden verkaufen.

Überzeugen können Sie nur auf der emotionalen Ebene. Auch wenn rationale Menschen von Features beeindruckt sind, treffen sie letztendlich emotionale Kaufentscheidungen. Das klingt widersprüchlich, aber hören Sie in sich hinein. Ihr Kopf hat eine Entscheidung bereits getroffen, und zwar emotional, noch bevor Sie damit beginnen können, sie rational zu begründen.

Das trifft vor allem die Techniker und Ingenieure hart. Schließlich haben sie sich Jahre lang damit beschäftigt, einzigartige Features in ihr Produkt einzubauen. Sie sollen nicht darauf verzichten. Wählen Sie nur die Wichtigsten für den Fließtext aus. Falls es viele Features sind, eignen sich dafür z.B. Bullet Points am Ende des Textes.

Was sich in jedem Fall ändert, ist die Reihenfolge der Argumentation. **Vom Versprechen zum Nutzen zum Feature ist die überzeugende Reihenfolge und Hierarchie im Text.**

Problem-Lösung

Drei grundsätzliche Fragen zur Verkaufsstrategie.

1. Wenn Sie nicht kaufen, bekommen Sie ein Problem. Welches?
2. Wenn Sie kaufen, erhalten Sie eine Lösung. Welche?
3. Die Konkurrenz ist gut. Was macht uns besser?

Diese strategischen Schritte funktionieren wie eine Hintergrundfolie. Machen Sie sich Ihre Ausgangssituation bewusst.

Übung: Füllen Sie die drei strategischen Schritte mit Ihren Inhalten.

Wecken des Bedarfs

Weiter im Text. Müssen Sie den Bedarf beim Kunden erst wecken, empfiehlt sich folgende Argumentation:

1. Was ist das besondere Angebot und der erste Kaufgrund?
Auf Basis unseres Know-how und konkreter Erfahrung bieten wir...
2. Welche Leistungen (Versprechen/Benefit und USP) bieten Sie an?
Wir lösen folgende Probleme ... weil ...
3. Was erreichen Sie damit?
Das führt zu folgenden Nutzen ...

4. Diese ausgewählten Features ermöglichen dies ...
5. Was hat Ihr Kunde davon?
Die konkreten und persönlichen Vorteile sind ...

Direktes Verkaufen
Besteht ein Bedarf, verkaufen Sie mit folgender Argumentation am Besten:
1. Wo liegt das Problem des Kunden? In welcher Situation befindet sich dieser?
2. Um welches Hauptversprechen handelt es sich? Was ist der konkrete Nutzen? Welche Features führen den Nutzen herbei? Wie unterscheidet sich dies von der Konkurrenz und wie lautet der erste Kaufgrund?
3. Zu welchem Zeitpunkt kommt das Produkt zum Einsatz?
4. In welcher Situation erfährt der Kunde Produktvorteile? Wie erlebt er Nutzen, die er bisher nicht kannte?
5. Welche quantifizierbaren Erfolge hat der Kunde?
6. Was sind die positiven Konsequenzen und Vorteile? Geschäftliche und persönliche Kriterien.
7. Mit welchem finanziellen Erfolg kann der Kunde rechnen?
8. Wie wirkt sich der Produkterfolg auf das System aus?
9. Damit der Kunde ruhigen Gewissens und zweifelsfrei den Versprechen Glauben schenken kann, beweisen wir diese. Zahlen, Daten, Fakten, Statistiken, Referenzen, Testimonials oder Studien.

Das war kurz und knapp. Welche dramatische und argumentative Struktur im Einzelnen gewählt wird, muss im Briefing-Gespräch erarbeitet werden. Die letzte Argumentationsreihe für das *Direkte Verkaufen* legen wir in Gedanken über den folgenden Text.

Der Härtetest

Nehmen wir einmal an, Sie haben einen komplizierten Langtext vorliegen, den Sie überarbeiten wollen. Wie gehen Sie vor?

1. Überprüfen Sie die Argumentation
2. Definieren oder ergänzen Sie konkrete Inhalte und Versprechen
2. Ordnen Sie den Text neu
3. Säubern Sie den Text aus stilistischer Sicht
4. Finden Sie eine Textperspektive und Idee
5. Füllen Sie den Wortschatz-Container entsprechend auf
6. Schreiben Sie los

Ein Beispiel für einen B-to-B Langtext

Zum besseren Verständnis werden jetzt nicht nur die dramatischen Positionen genannt, sondern auch die Argumentationsabfolge beschrieben. Die Argumentation orientiert sich am Verlauf des *Direkten Verkaufens (s.o.)*.

(Sie müssen jetzt keinen der gleich folgenden Fachbegriffe kennen. Die IT-Fachleute wissen worum es sich handelt, und das soll uns erst einmal genügen.)

Auslösendes Ereignis und Exposition

1. Wo liegt das Problem des Kunden? In welcher Situation befindet sich dieser?

Headline: ***XY– Erste Hilfe für das Business Continuity Management***
Copy: *Guten Tag, ich bin Ihr Notfall! Keiner hat mit mir gerechnet. Keiner glaubt an mich. Und in 3 Sekunden stehe ich vor Ihrem Serverraum und komme rein. Ihre Systeme treffe ich mitten ins Herz – Stillstand. Das CRM System gibt den Geist auf. E-Mail-Server kollabieren. Produktionsbänder versagen den Dienst. Ich bin der Super-GAU, der nie passiert, und vor dem meine Erzfeinde, die Business Continuity Manager, immer warnen. Blockade lautet mein Spieleinsatz, Panik ist mein Glückszustand, Leichtsinn und menschliches Versagen sind mein Lebenselexier.*

Konflikt und Problem
2. Um welches Hauptversprechen handelt es sich? Was ist der konkrete Nutzen? Wie unterscheidet sich das Produkt von der Konkurrenz und wie lautet der erste Kaufgrund?

Zwischenüberschrift: ***Sie sehen schwarz, wir Licht am Ende des Tunnels***
Copy: *Kaum zu glauben, dass niemand auf den Fall der Fälle vorbereitet war! Eine Bank beispielsweise, die länger als zwei Tage den Wertpapierhandel aussetzen muss, geht unweigerlich pleite. Hilfe tut Not. Wenn man wenigstens für kritische Geschäftsprozesse mit einem Notfallplan vorgesorgt hätte. Einen Notfallplan erstellen und aktuell halten ist Arbeit, aber erklären, warum es keinen gibt, ist der Untergang. Wer haftet? Die Geschäftsleitung, weil sie der Thematik nicht die nötige Aufmerksamkeit schenkte und alle im Dunkeln tappten.*

Leider wird das Business Continuity Management immer noch nicht als Prozess verstanden, der das Überleben sichert – ausgestattet mit umfassender Tool-Unterstützung. Wird das BCM mit dem IT-Sicherheits- und Risikomanagement verknüpft entstehen Synergien, die Licht ins Dunkel bringen.

Komplikation
3. Zu welchem Zeitpunkt kommt das Produkt zum Einsatz?
Zwischenüberschrift: ***Warum Sie BCM als Prozess verstehen sollten***
Copy: *Ein einfaches Beispiel: Stellen Sie sich vor, Sie führen eine Notfall-Übung durch und müssen einen Standort evakuieren. Aufgrund seiner großen Bedeutung muss der Wertpapierhandel als Erster an Notfallplätzen arbeitsfähig sein. Doch kein Händler lässt sich blicken. Die sind nämlich umgezogen. Schon vor drei Wochen. Und jetzt nicht erreichbar! Der Business Continuity Manager wurde nicht in Kenntnis gesetzt. Wie auch?*

Zielentwicklung
4. In welcher Situation erfährt der Kunde Produktvorteile? Wie erlebt er Nutzen, die er bisher nicht kannte?
Zwischenüberschrift. ***Du siehst Gespenster***
Copy: *Werden Sie als Business Continuity Manager das auch manchmal gefragt? Dann sitzen wir im selben Boot, weil wir bedenken, was sich andere nicht vorstellen können. Gemeinsam mit Ihnen retten wir die Situation und entwickeln Entscheidungen für das Unerwartete. Geordnet nach Ihren Prioritäten, kann dann*

der Geschäftsbetrieb schnell wieder hergestellt werden. Gefahr erkannt – Spuk gebannt. Ohne Not.

Zwischenüberschrift: ***Das haben Sie davon***
Copy: *„Ich bin ein Notfall, holt mich hier raus." Die Retter entscheiden, welche Stellen des Geschäftsbetriebs kritisch sind und im Fall der Notfälle schnell wieder arbeitsfähig sein müssen. Nicht kleckern sondern genau dort klotzen, wo es am wichtigsten ist. Geld nicht verschwenden, sondern sinnvoll einsetzen.*

Zielentwicklung und Versprechen
5. Welche quantifizierbaren Erfolge hat der Kunde?
Zwischenüberschrift: ***Hilfe!***
Copy: *In der Business Impact Analyse erarbeiten wir mit Ihnen die Auswirkungen des Ausfalls Ihrer Geschäftsprozesse. Zum Beispiel: Wie lange dürfen Prozesse maximal still stehen? Wie viel Geld verlieren Sie an welcher Stelle? Wann verstoßen Sie gegen gesetzliche Bestimmungen? Welche Auswirkung haben Engpässe der Dienstleister auf das Geschäft? Was muss passieren, wenn ein Fließband stockt? Was passiert, wenn die Überwachung der Kreditlinien ausfällt? Oder, stehen wir bei einem Systemausfall morgen in der Bild-Zeitung?*

Zielentwicklung und Nutzen
6. Was sind die positiven Konsequenzen und Vorteile? Geschäftliche und persönliche Kriterien.
Zwischenüberschrift: ***Rette sich, wer kann***

Copy: *Mit XY bringen wir das notwendige Werkzeug gleich mit. XY ist ein umfassendes BCM Werkzeug. Es ist unkompliziert, denn Notfälle sind schon kompliziert genug. Dazu ist es leicht erlernbar und wirklich benutzerfreundlich. Rettung naht.*

Zwischenüberschrift: ***No risk – more fun***
*Neben der **Risikoanalyse** bietet XY einen Audit-Support, der sicherstellt, dass Maßnahmen ausgeführt werden. Die Kontrollfunktionen sensibilisieren Ihr Unternehmen für mehr IT Sicherheit. Hinzu kommen frei konfigurierbare Fragebögen für Onlinebefragungen, automatisch erstellbare Handbücher und Workflows zur Bewältigung der Krise.*

Zwischenüberschrift: ***Einer für Alle. Alle für Einen***
XY ist keine Insellösung, sondern eine Unternehmenslösung. Die Software setzt auf Ihrer Datenbasis auf und vereint die Funktionen der Dokumentenmanagement Systeme (DMS), der Contentmanagement Systeme (CMS) sowie der Portal- und Datenanalyse.

Sie erfahren, welche IT-Komponente welchen Geschäftsbereich wie rettet. XY bildet die Organisation mit allen Geschäftsprozessen ab und stellt die Management Perspektiven ohne Überschneidungen bereit. Zum Beispiel Fachbereiche, Standorte, Daten, Dokumente, Anwendungen, IT-Systeme, Netze, Dienstleister und so weiter. XY ist wie der Leuchtturm. Mit ihm überblicken Sie die Organisation mit allen Zuständigkeiten und Wechselwirkungen.

(Punkt 7. Finanzieller Erfolg wurde hier außen vor gelassen, weil man diesen in Geld schwerlich ausdrücken kann.)

Weitere Zielentwicklung und Nutzen

8. Wie wirkt sich der Produkterfolg auf das System aus?

Zwischenüberschrift: ***Alles wird gut und besser***

Copy: *BCM wird zur Gemeinschaftsaufgabe. XY vereint die Aufgaben des Sicherheitsmanagers, Risikomanagers, Service Level Managers, Configuration Managers, Datenschutzbeauftragten, Qualitätsmanagers und des Software-Lizenzmanagers in einem Tool.*

Was das Unternehmen im Inneren zusammen hält ist, dass alle Informationen auf einer Ebene in einer Datenbasis vereint sind. Die Beziehungen werden in einem Stamm-Datenmodell sichtbar. Alle Kollegen aktualisieren und partizipieren. Alle haben Zugriff und können ihr Geschäftsfeld und die Abhängigkeiten im Detail beobachten. XY passt sich ständig an und erneuert sich selbst.

Zielentwicklung und konkrete Lösung

9. Damit der Kunde ruhigen Gewissens und zweifelsfrei den Versprechen Glauben schenken kann, beweisen wir diese. Zahlen, Daten, Fakten, Referenzen.

Zwischenüberschrift: ***Der Werkzeugkasten mit fertigem Inhalt***

Copy: *Mit XY haben Sie 80% Ihrer Vorgänge schon im PC. Wir liefern Ihnen Inhalte aus über 100 Best Practice und Beratungsprojekten gleich mit. Die Software unterstützt Anwender bei der Rettung (z.B. beim erstellen von Notfallplänen, SLA, Audit-Maßnahmenkatalogen, Risikoanalysen, CMDB) und beim Nachweis der Standards und gesetzlichen Bestimmungen. Mit XY decken Sie ein weites Spektrum der IT-Governance und Risk & Compliance ab.*

XY ist eine webbasierte Applikation und verfolgt den Portal-Ansatz. Alle Funktionen können dezentral in der Organisation bereitgestellt werden und lassen sich ohne Programmierung anpassen. Ob über ´Anwendungen und IT-Systeme´ ein technischer Ansatz im Mittelpunkt steht, oder ob Geschäftsprozesse, Wertschöpfungsketten oder Services betrachtet werden sollen: Mit geringem Aufwand passt sich das Programm Ihren Bedürfnissen an und wächst mit.

Endsituation und Produktangebot
Zwischenüberschrift: ***Produktausstattung XXL***
Copy: *Die XY Funktionen werden in verschiedenen Editionen gebündelt. Die Themen BCM, ISMS, Datenschutz und IT-Risikomanagement sind über separat lizenzierbare Module zusammengefasst.*

Auflösung und Tilgung des auslösenden Ereignisses
Zwischenüberschrift: ***Alarm!***
Copy: *„Hallo, ich bin Ihr Notfall! Einer hat mit mir gerechnet. In drei Sekunden stehe ich vor Ihrem Serverraum und es passiert nichts." Keine Panik. XY enthält Übungen, die den Managementkreislauf nach BS25999 und BSI100-4 abdecken. Hilfe ist schon unterwegs."*

Das Beispiel zeigt, wie dramatische und erzählerische Momente auch in B-to-B Texten Einzug halten. Der Text verliert keine Informationen und ist dennoch leicht lesbar. Er geht auf die Zielgruppe und deren Bedürfnisse ein. Dabei stellt der Text die Nutzen und Versprechen überzeugend und dramatisch heraus.

Weil wir das Rezeptbuch gerade aufgeschlagen haben, ein Nachschlag zum Thema Briefe schreiben.

Storytelling für Direct Mail

An Erfolgsrezepten für Direct Mail mangelt es nicht. Leider landen Briefe viel zu häufig im Papierkorb unter dem Briefkasten. Dass Brieftexte Spaß machen können, dem Schreiber und dem Leser, haben viele Direct Mail Gurus vergessen. Dabei tut Storytelling jedem Brieftext gut.

Ein Brief ist wie ein Verkaufsgespräch mit sich selbst
Briefe schreiben ist hochgradig mechanisiert und viele der Zeilen haben Geist und Seele eingebüßt. Die Leser sollten den Schreiber am liebsten mitkaufen wollen. Das baut eine Beziehung auf und erzeugt Spannung. Viele Brieftexte sind so geglättet, dass sie anonym und beziehungslos wirken. Besonders hier gilt: *„Schreiben Sie an Anna“*, einen Kunden, den Sie lieben.

Argumentationsstruktur für den Geschäftsbrief
Eine Abbildung mit Headline ist der beste Einstieg in den Brief. Die Headline sollte emotionalisieren, dramatisieren und eine Geschichte erzählen.

Der erste Satz muss neugierig machen zum Weiterlesen. Das Thema oder Problem ansprechen und einen ganz persönlichen Bezug herstellen.

Im Einstieg startet die Story mit dem auslösenden Ereignis. Hier stehen das wichtigste Kaufargument, Ziel, und der Mehrwert des Briefes. Der Mehrwert begründet in der Regel, warum man ausgerechnet auf Grund dieses Briefes reagieren oder kaufen soll.

Textstrategien für den Einstieg
Es geht nicht um Sie, was Sie können, tun oder wollen, sondern was der Leser will und sucht. Leben und fühlen Sie mit dem Leser. Erkennen Sie sein Problem. Das tun Sie am Besten, indem Sie sich den Leser in seiner ganz persönlichen oder geschäftlichen Atmosphäre vorstellen. Überlegen Sie, in welcher Situation der Leser Ihren Brief liest. Wie sieht sein Arbeitsplatz oder sein Zuhause aus? In welcher Lage befindet er sich, wenn er nach Lösungen sucht?

Wie steigen Sie konkret ein?
Zum Beispiel mit dem auslösenden Ereignis einer Geschichte, als Frage, die zum Problem führt, oder mit einem relevanten und aktuellen Ereignis, oder mit einem Zitat.

Im Mittelteil präsentieren Sie das Angebot und wecken den Kaufwunsch. Der Mittelteil steht für die ausführliche Argumentation zur Verfügung. Die dramatisierende Reihe bietet sich an, ja, ist Pflicht. Sie beginnen mit dem stärksten Argument und enden mit einem starken.

Der Beweis steht für die Richtigkeit Ihrer Versprechen. Wer, wie viele oder welche Fakten beweisen die Versprechen. Der Beweis soll Zweifel gegenüber einer möglichen Direktbestellung ausräumen.

Das konkrete Angebot muss den Kauf einfach machen. Zum Beispiel, das günstigste Angebot zuerst. Bauen Sie keine Hürden auf. Darauf folgen die Modalitäten für den Kauf. Sagen Sie dem Leser den Weg des Rücklaufs vor, wie einem Kleinkind. KISS, *Keep it simple and stupid*. Der Leser soll vor Augen haben, was er konkret tun soll. Das macht die Reaktion einfacher und wahrscheinlicher.

Der Verstärker bestärkt den Leser in seiner Kaufentscheidung. Er sollte in der zweiten Hälfte des Briefes gleich nach dem Angebot oder Anliegen stehen. Der Kunde wägt ab. Falls er sich interessiert, befindet er sich noch im Zwiespalt „*kaufen*“ oder „*nicht kaufen.*“ Der Verstärker muss bestätigen und einem schlechten Gewissen vorbeugen.

Die Einwandbehandlung räumt Einwände gegen die Bestellung aus. Sollte es konkrete Gründe geben, nicht zu reagieren, haben Sie hier noch die Chance, den Leser umzustimmen. Versuchen Sie nicht, offensichtliche Einwände unter den Teppich zu kehren oder ein Gleichgültigkeitsfeld darüber zu legen. Gibt es Einwände, können Sie diese nur entkräften, indem Sie darüber reden und sie auflösen.

Der Mittelteil schließt mit einem starken Argument und einem positiven, zusammenfassenden Gesamteindruck ab.

Die Garantie sorgt dafür, dass sich die Leser bei einer sofortigen Unterschrift zu nichts verpflichten, was sie im Nachhinein bereuen könnten. Bei Bestellungen sollte man unbedingt das Rückgabe- und Umtauschrecht betonen.

Der Brief endet mit dem Schlussappell. Die Aufforderung zum Handeln. Danach schließen Sie mit einem positiven Gedanken über den zukünftigen Besitz des Produktes oder über die Dienstleistung ab.

Die Grußformeln sollten variieren. Besser, weichen Sie ab.

Das Postskriptum ist für den zweiten Mehrwert reserviert. Das letzte Überzeugungselement im Brief, und an einer Stelle des Briefes, die schon zu Anfang gelesen wird. Der zweite Mehrwert ist ein Vorteil oder eine Belohnung, die verdeutlicht, weshalb es sinnvoll ist, sofort zu reagieren. Evtl. ein Rabatt, ein Geschenk, ein Gewinnspiel oder ein Service.

Ein Brief Klassiker

Der Originaltext ist für heutige Verhältnisse zu lang, deshalb hier eine gekürzte und aktualisierte Fassung. Ohne Verlust der

Original Story und Argumentation. Der Brief warb jahrzehntelang erfolgreich Abonnenten für ein **Wirtschaftsmagazin**. Das besondere: Die Story.

Der Brief bleibt lang. Zu lang? Nein, wenn Sie erzählen, lesen wir weiter, versprochen!

Sehr geehrter Herr Mustermann,
vor wenigen Jahren machten zwei Freunde ihren Abschluss an derselben Universität – beide waren brillant und hatten gute Karrierechancen. Beide fingen beim gleichen Unternehmen an. Der eine wurde Leiter einer kleinen Abteilung und der andere Geschäftsführer.

Was machte den Unterschied?
Haben Sie sich – wie ich – schon einmal gefragt, was den Unterschied von Karrieren ausmacht? Es ist nicht immer Intelligenz, Talent oder Ergeiz. Der Unterschied liegt meist darin, wie Sie Wissen anwenden. Dieses Journal füttert täglich Ihren Kopf mit Wissen, das Sie im Geschäftsleben einsetzen werden.

Eine Zeitung wie keine andere
Das Journal wird von der weltweit größten Wirtschaftsredaktion geschrieben. Wirtschaftsweise, die Ihnen täglich Schlüsselinformationen aus der Wirtschaft zu Füßen legen. Nicht nur Aktien- und Finanzwerte, sondern Zahlen, Daten oder Akten der Geschäftswelt. Das Journal bietet genau die Wirtschaftsinformationen, die Sie brauchen – kurz, knapp, ungeschminkt.

Wissen ist Macht

Eben gerade lese ich die Seite 1 des Journals. Sie kombiniert Neuigkeiten aus den Unternehmen mit gründlicher Sonderberichterstattung. Jede Phase des Geschäftslebens wird abgedeckt: Preisentwicklungen, Inflationsängste und Steuergesetze bis hin zu wirtschaftspolitischen Entwicklungen in der Hauptstadt.

Mit der täglichen Kolumne über die persönliche Vermögensverwaltung werden Sie reicher an Wissen. Wöchentlich erscheinen Berichte über Technologien, Märkte, Geldanlagen und regionale Entwicklungen. Wenn Sie das Journal nie gelesen haben, können Sie sich nicht vorstellen, wie nützlich es ist.

Großartiger Einstiegspreis

Überprüfen Sie meine Behauptung, indem Sie ein Abonnement zum Preis von X für 6 Wochen abschließen. Füllen Sie die beigefügte Bestellkarte aus und schicken Sie uns den frankierten Rückumschlag zurück. Falls Sie mit dem Journal nicht zufrieden sind, können Sie jederzeit kündigen und erhalten die Erstattung für nicht gelieferte Ausgaben.

Eine Investition in Ihren Erfolg

Was die zwei Freunde angeht, die ich zu Beginn dieses Briefes erwähnte: Sie schlossen gemeinsam die Universität ab und starteten gemeinsam in die Geschäftswelt. Nur einer wurde Geschäftsführer. Was beeinflusste ihre Karrieren? Wissen. Nützliches Wissen. Und seine Anwendung.

Mit herzlichen Grüßen, der Geschäftsführer. P.S. Wenn Sie bis zum 31.12.20XX abonnieren, erhalten Sie einen Blackterrier gratis.

Die Story startet den Brief und schließt ihn ab. Sie arbeitet mit dem **Erzählmuster der Gegenüberstellung**. Zwei Karrieren werden gegenübergestellt und für die Argumentation genutzt. Fragen ziehen den Leser in den Text. Der Verlagsleiter spricht uns persönlich an und wir können ihn hören. Aktualität und zeitliche Nähe wird erzeugt. Viele Zwischenüberschriften strukturieren den Text und die Versprechen. Der Verstärker verdeutlicht, was man verpassen könnte: „*Wenn Sie das Journal nie gelesen haben, können Sie sich nicht vorstellen, wie nützlich es ist.*" Im P.S. steht der zweite Mehrwert. Der Trigger. Er soll den Kaufimpuls auslösen. Peng! Welcher *Blackterrier*?

Übung: Zugegeben die Story ist alt. Schreiben Sie eine neue.

Erzähl- und Plausibilitätsmuster

Kommen wir zur Kür. Kurzgeschichten verdichten auf das Wesentliche, auf Muster. So genannte Erzählstrukturen und Plausibilitätsmuster sind wiederkehrende und vergleichbare Anordnungen erzählender Sequenzen. Sie ordnen vor dem Hintergrund des Storytelling die Handlung. Die Muster basieren auf Kausalketten, die Plausibilität erzeugen. Die Reihenfolge und Anordnung der Sequenzen entwickeln dramatische Spannungsbögen, die der Überzeugung dienen.

Erzähl- und Plausibilitätsmuster kehren in gleicher Form wieder und sind deshalb vergleichbar. Die Muster dienen im Moment des Schreibens als Konstruktionsplan oder Bauanleitung.

Man kann annehmen, dass in den Köpfen der Rezipienten ein traditionelles narratives Wissen über den Verlauf von Geschichten vorhanden ist, das wie eine Sprache von Geburt an erlernt wird. Erzählmuster sind Erfahrungs- und Erkenntnismuster. Sie führen zu besserem Verständnis, weil ihre dramatische Struktur verstanden wird und die Art und Weise, wie Plausibilität erzeugt wird, nachvollziehbar ist.

Sie werden jetzt häufiger Filmbeispiele lesen, weil diese Strukturen sich nicht nur für das Schreiben von Drucksachen und Internettexten eignen, sondern auch für filmische Storys. Erzählstrukturen sind medienunabhängig. Ausnahmen bestätigen die Regel. Ein Beispiel aus der TV Werbung: *„Eine korpulente ältere Dame steht in der Manier einer Operndiva auf der Bühne und singt in falschen Tönen ´Happy Birthday to you!´ Plötzlich hält sie inne und trinkt einen großen Schluck Soso-Limonade. Das Produkt ist deutlich erkennbar. Kurze Pause. Unbeirrt singt sie weiter – genauso falsch wie zuvor. Das Publikum applaudiert und der Sprecher sagt: ´Probably the only soft drink that cures nothing but thirst. Soso Limonade."*

Die Darbietung lässt erwarten, dass die Sängerin nach dem Konsum der Limonade besser singt. Die überraschende Wendung des Spots liegt darin, dass keine Veränderung bei der Protagonistin eintritt. Der Zuschauer erwartet die Veränderung der Situation nach dem Konsum der Limonade. Im Moment der Produktverwendung darf man das erwarten. Die unterstellte Ursächlichkeit und die damit verbundene Erwartung der Situationsveränderung werden nicht erfüllt. Und erst im anschließenden Schlusskommentar positiv aufgelöst. Ein schöner Twist.

Story ist Kino im Kopf

Der Zuschauer ist mit den Mustern vertraut. Er interpretiert Handlungsmuster und versteht selbst den Bruch mit denselben. Erzähl- und Plausibilitätsmuster werden vom Zuschauer verstanden, sonst könnte das zuletzt genannte Beispiel nicht mit der Erwartung des Betrachters spielen. Das können Sie von guten Geschichten verlangen.

Eine Gewissensfrage

Angenommen Sie glauben bereits an die suggestive und persuasive Kraft der Erzählstrukturen, dann stellt sich für Kommunikationsfachleute die alles entscheidende Frage: Welches Muster wirkt am Besten?

Deighton/Romer/Mc Queen fanden in Untersuchungen heraus, dass die Qualität der jeweiligen gestalterischen Form, nicht die Art der Form, darüber entscheidet, ob sie persuasiv wirkt. In ihrer Studie stellten sie fest, dass die Glaubwürdigkeit eines Dramas von seiner Emotionalisierung und Wahrscheinlichkeit abhängt. Übrigens, auch eine Fantasy Story ist wahrscheinlich. Sie erkannten, dass keine dramaturgische Form hinsichtlich ihrer Wirkung einer anderen generell überlegen ist. So können ein Vorher-Nachher Vergleich, eine Parallelhandlung, ein Testimonial, ein Dokumentarfilm oder ein Western für sich genommen überzeugen. Wichtigstes Kriterium ist zuallererst die Prägnanz und Qualität der gewählten Erzählstruktur selbst.

Die Wahl des Erzählmusters ist also eine Frage der Tonalität. Grundsätzlich können Sie mit jedem Muster für jede Aufgabe und Branche erfolgreich erzählen. Schließen Sie keines der Muster aus, bevor Sie es nicht ausprobiert haben. Alles ist möglich. Sie werden positiv überrascht sein. Vielleicht können Sie es sich im Moment noch nicht vorstellen. Doch bevor wir warten, bis ein Konkurrent das Gegenteil beweist, schreiben wir lieber selbst.

Jede spielerische Erregung der Nervenzellen stärkt die synaptischen Verbindungen

Das Gehirn besteht aus rund 100 Milliarden Nervenzellen, deren Aktivität als ´feuern´ bezeichnet wird. Hirnforscher schätzen, dass es in einem Gehirn etwa 100 Billionen Verbindungen gibt. Die Stellen, an denen Neuronen miteinander in Kontakt treten und Signale austauschen, heißen Synapsen. Verknüpfungen entstehen, wenn zwei oder mehr Neuronen gleichzeitig feuern. In diesem Fall nimmt das Gehirn die Reize als zusammengehörig wahr. Die Verbindungen manifestieren sich.

In den Synapsen manifestiert sich unser Wissen über Erzählstrukturen. Je öfter wir dieses Wissen befeuern, desto besser können wir es für die Storyentwicklung nutzen. Jedes Feuer stärkt Ihr erzählerisches Repertoire.

Creative Game: Gestaltungsprogramm

Das Gestaltungsprogramm ist eine Kreativtechnik der Synektik. Bei der Reizwortanalyse wurde ein Wort auf ein Versprechen gezwungen. Jetzt zwingen wir mit dem *Force fit* eine Erzählstruktur auf das Versprechen.

Das Gestaltungsprogramm ist ein synektischer Baukasten. Zahlreiche Erzählstrukturen und Plausibilitätsmuster liegen darin zur Verwendung bereit. Wir gehen an dieser Stelle davon aus, dass Sie die meisten kennen. Nicht alle werden ausführlich beschrieben. (Für Werbefilm-Interessierte wird zur Vertiefung *Das Drehbuch zum Drehbuch* empfohlen.)

Das Creative Game Gestaltungsprogramm trainiert den virtuosen Umgang mit vielfältigen Erzählstrukturen. Das sind Ihre Bausteine und Bauanleitungen für Storys.

Die Erzählstrukturen und Plausibilitätsmuster können für Headlines genutzt werden oder sich über die gesamte Geschichte erstrecken. Sie können auch nur in Teilen einer Erzählung auftreten oder sich mit anderen mischen.

Bei den nun folgenden Beschreibungen der Erzählstrukturen ist es sinnvoller, sich die Struktur über die gesamte Länge des Textes auszumalen, statt sich Textteile vorzustellen.

Achtung:
Die Erzähl- und Plausibilitätsmuster ersetzen nicht die Textidee selbst. Sie sind ein Lexikon der Möglichkeiten und machen Vorschläge, wie Sie die Idee dramatisch und überzeugend strukturieren können.

Sie sind kreativ
Es folgt eine Kurzbeschreibung der Muster mit Beispielen. Lassen Sie sich Zeit. Konzentrieren Sie sich zunächst nur auf das Laden Ihrer Festplatte. Was Sie nicht gleich behalten, können Sie ja später nachlesen.

Fleißübung: Falls kein Beispiel vorhanden, überlegen Sie selbst, ob ihnen eines einfällt. Malen Sie sich in aller Ruhe aus, wie das Muster auf einen Ihrer Texte wirken würde. Dann weiter zur nächsten Beschreibung.

Die folgenden Erzählstrukturen und Bausteine des Creative Game Gestaltungsprogramms unterteilen sich je nach Herkunft in:

1. Erzählstrukturen aus Literatur und Journalismus
2. Plausibilitätsmuster
3. Basis Erzählstruktur
4. Werbefilm Genres
5. TV & Film Genres

1. Erzählstrukturen aus Literatur und Journalismus

Diese Strukturen sollten Ihnen bekannt sein:

Bericht
Essay
Feature
Gerichtsdrama
Glosse
Interview
Kommentar/Kolumne
Kritik
Kurzgeschichte
Leserbrief
Nachricht
Poesie, Gedicht
Porträt
Reportage
Roman

2. Plausibilitätsmuster

Erzähl- und Plausibilitätsmuster sind, wie bereits oben beschrieben, fest gefügte, plausible Einheiten. Diese Konstruktionspläne können sich jedem Genre unterordnen. Vorher-Nachher, Mit-Ohne, Misserfolg oder Lüge können in jedem Genre vorkommen. Und umgekehrt.

Aktualität

Aktualität nutzt gegenwartsnahe Ereignisse für die Aufmerksamkeit.

Aktuelle Trends und jüngste Geschehnisse aus Politik, Mode oder Gesellschaft werden zum Aufhänger für Geschichten. Die Marken wirken dadurch brandaktuell und nutzen den Zeitgeist. Ein Autovermieter zum Beispiel bedankt sich beim Eisenbahn-Gewerkschaftsführer für den Streik. Headline: *„Danke, Manfred S."* Sub.Headline: *„Immer mehr Kunden entdecken die günstigen Preise von X."* Und eine Zigarettenmarke schreibt: *„Lucky Streik."*

Analogie

Die Analogie arbeitet mit vereinfachten Ähnlichkeiten, die eine Gleichheit zum Thema und Versprechen herstellen. Ist die Analogie erst einmal verstanden, sind die Konsequenzen deutlich formulierbar und einprägsam. Im konkreten Fall werden zwei Spiegeleier in der Pfanne zum Abbild eines Augenpaares. Die Beispielgeschichte: *„Zwei Spiegeleier liegen in der Pfanne und braten. Noch sind sie roh und wabbelig, dann werden sie gar, und schließlich braten sie in der Pfanne an, bis sie schwarz werden. Dazu sagt ein Sprecher: ´Noch nie war die UV Strahlung höher. Wer seine Augen nicht schützt, riskiert Verletzungen und sogar Blindheit. Benutzen sie diesen Sommer eine Sonnenbrille!´"*

Von: Sabrina Grujic-Kohlhepp

Arbeitspferde für Mechaniker

Blankenhorn Analoge Taschen-Messschieber

Was wäre ein Bauer ohne seine Arbeitspferde, die ihm jahrzehntelang treu zur Seite stehen? Tagein, tagaus verrichten sie unter härtesten Bedingungen verlässlich ihre Arbeit. Das sind echte Kaltblüter. Kaltblüter, wie die Messschieber M01R, M02R und M03R. Durch den rostfreien Stahl und die matt verchromten Ableseteile halten sie schwierigsten Anforderungen, wie z. B. Feuchtigkeit, stand. Unsere Arbeitstiere verfügen über eine tiefer gelegte Teilung und sind durch die gehärtete Ausführung besonders robust. Sie lieben raue Gangarten und sind günstig in der Anschaffung und im Unterhalt. Die Messschieber sind genügsam – anstelle des Futters und eines gemütlichen Stalls reichen ihnen eine gelegentliche Reinigung und ein kleines Plätzchen zum Unterkommen in der Kunstledertasche. Und wenn Sie Ihrem Arbeitspferd etwas besonders Gutes tun wollen, können Sie es in der passenden Holzkassette unterstellen.

Beispiele basierend auf Erfahrungen, Traditionen oder Mehrheiten

Diese Erzählmuster erzeugen Plausibilität durch ein Beispiel, das für die Richtigkeit der Behauptung steht. Beispiele sind Einzelfälle, die zur Erläuterung und zum Beweis eines Gedankens herangezogen werden. Sie sind für jedermann nachvollziehbar und überprüfbar. Dabei kann das Beispiel die Wirkung und den Nutzen eines Produktes oder einer Dienstleistung beweisen.

Neben den rationalen Formen der Beweisführung, wie der Beweis durch ein Beispiel oder durch eine Mehrheit, gibt es auch emotional gesteuerte Beweisformen, wie der Beweis durch Tradition, Erfahrung oder Autorität. Dabei geht es immer um eine Erzählstruktur, die sich über die gesamte Länge des Textes verteilt und wie ein roter Faden durchzieht.

Experiment und Demonstration
Dieses Plausibilitätsmuster ist geprägt von einer Versuchsanordnung, einem experimentellen Aufbau oder einer labortypischen Situation. Experimente haben einen stark demonstrativen Charakter und können Beweise führen.

Das Beispiel: *Ein Mann steigt in ein Auto, startet es und fährt die Skischanze hoch! Das Logo erscheint und der Slogan blendet ein: „Vorsprung durch Technik."*

Gegenteiliges / Antithese
Das Gegenteil kann sich in vielen Varianten zeigen. Plausibilität entsteht durch das direkte Gegenteil eines Sachverhaltes, der dadurch die Vorzüge des Produktes offenlegt. Das Gegenteil funktioniert meist wie schwarz-weiß, dick-dünn oder hoch-tief. Gezeigt werden soll das gegenüberliegende Extrem oder das Oppositionelle. Die gegensätzliche Wirklichkeit dramatisiert das Versprechen. *„Stellen Sie sich vor, ab morgen fahren Autos mit Wasser."*

Gegenüberstellung
Die Gegenüberstellung, auch Side by Side genannt, stellt Einzelaspekte zweier Produkte oder eines Systems im Verlauf der Erzählung gleichberechtigt und vergleichend gegenüber. Das zeitgleiche, vergleichende Nebeneinander und die damit verbundene parallele Erzählstruktur sind charakteristisch. Die narrative Anordnung besitzt Beweischarakter.

Die Steigerung ist die vergleichende Werbung, bei der beide Konkurrenten explizit genannt werden.

Lüge

Die Lüge ist eine wunderbare Form der Dramatisierung. Sie zählt zu den rhetorischen Steigerungen und lässt sich großartig auflösen. Die Lüge muss als solche erkannt werden. Beim Leser beginnt dadurch automatisch der Abgleich mit der Realität und die Suche nach Wahrheit.

Metapher

Als Metapher bezeichnet man die Ähnlichkeiten zwischen dem wörtlich Gesagten und dem übertragen Gemeinten. Ein Versprechen soll durch einen unverfänglichen Ausdruck umschrieben werden. Oder ein abstrakter Sachverhalt soll durch einen anschaulicheren versinnbildlicht werden. *„Der Zahn der Zeit."*

Der Einsatz auffälliger, einprägsamer und rätselhafter oder dunkler Metaphern ist ein Merkmal literarisch kunstvoller und poetischer Sprache. Beispiele sind: *„Jemandem das Herz brechen", „Die Nadel im Heuhaufen suchen"* oder die *„Rosarote Brille."*

Ein Beispiel aus dem Werbefilm: *„Über eine Schlucht wird ein riesiger violetter Vorhang aus Seide gespannt. Mehrere Montageteams und schweres Arbeitsgerät kommen zum Einsatz. Endlich ist es vollbracht. Der seidene violette Vorhang hängt an einem Stahlseil und verhüllt die ganze Schlucht. Plötzlich erkennt man,* *wie ein Messer das Tuch durchstößt. Die Spannung auf dem violetten Tuch lässt das Gewebe von oben bis tief ins Tal aufreißen. Ein riesiger Schnitt (Cut) wird sichtbar. Der Packshot und der Schriftzug Silk Cut, eine Zigarettenmarke in England, werden eingeblendet.“*

Der Cut im violetten Tuch übersetzt den Markennamen ins Bild – Silk Cut. Der Schnitt im violetten Tuch wird zur Metapher und Key Visual der Marke. Die violette Farbe ist Teil des Brandings.

Misserfolge und Fehler
Versprechen können sich im Misserfolg einer Person ausdrücken. Der Misserfolg bezieht sich auf eine oder mehrere handelnde Personen, die offensichtliche Fehler begehen. Die Fehler verdeutlichen, was das Produkt erfolgreich macht.

Murhpy´s Law. Es kommt noch schlimmer
Geschichten, bei denen alles schief geht, was schief gehen kann, funktionieren nach dem Prinzip von *Murphy´s Law*. Sie zeigen häufig die kleinen Katastrophen des Alltags. Es sind Missgeschicke, die sich langsam steigern, bis sie zu einem Höhepunkt gelangen und eine Wendung oder Tilgung eintritt.

Typisch für Misserfolgsgeschichten nach *Murphy´s Law* ist: Die dramatische Anordnung (Klimax) und die Verkettung der Szenen führen unaufhaltsam in die Katastrophe. Die meist positive Auflösung, als Werbekommentar oder Schlussappell, erzeugt

Plausibilität. Denkbar wäre auch eine negative Auflösung. (Vergleichbar mit einer doppelten Verneinung.)

Mit-Ohne oder Ohne-Mit

Mit-Ohne ist eine Form der Gegenüberstellung. Sie erzeugt Plausibilität durch das chronologische Nacheinander von Produktbesitz im Vergleich zum Nicht-Besitz. Die Nicht-Verwendung kann auch erst in der überraschenden Wendung deutlich werden und z.B. in einer Katastrophe enden. Die Umkehrung des Musters in Ohne-Mit ist möglich.

Bei der Gegenüberstellung, dem Vorher-Nachher- oder dem Mit-Ohne-Muster, fällt auf, dass sie auf das Produkt fokussieren. Im Mittelpunkt steht oft die Demonstration des Versprechens. Die Strukturen der Erzählung sind so konzipiert, dass sie wie Ursache-Wirkung oder Wirkung-Ursache funktionieren.

Problem – Lösung. Lösung – Problem

Wesentliche Themen der menschlichen Kultur sind in Form von Problem-Lösungs Modellen gefasst. Es handelt sich um Storys, die chronologisch erzählt werden. Ereignis und Tilgung sind meist gleich gewichtet, um dem Problem und der Lösung vergleichbar viel Raum zu geben. Die Geschichte wirft ein Problem auf und löst es innerhalb der Handlung.

Alexander Schill schreibt im Buch *Corporate Language* für einen Mineralwasserhersteller: *„Ihr Körper braucht 1,3 kg Eisen im Jahr. Wir empfehlen trinken."* Copy: *„Es gibt einige gewichtige*

Gründe für die Einnahme von Eisen. Es fördert die Bildung roter Blutkörperchen und versorgt die Muskeln mit Sauerstoff. Wenn Sie also vorhaben, sich zu bewegen, brauchen Sie Eisen – und zwar nicht zu knapp. Die bekömmlichste Methode der Einnahme ist der Genuss von Mineralwasser. Jede Flasche enthält neben vielen anderen Mineralien 0,5 Milligramm Eisen – genug, um Ihren Körper schwer in Form zu bringen. Damit Sie das regelmäßig überprüfen können, gibt es W. auch in Neun-Kilo-Kästen. Mehr dazu unter www."

Rätsel oder Teaser

Das Rätsel selbst ist ein Muster, das sehr unterhaltsam sein kann. Im Zusammenhang mit der klassischen Teaser-Werbung soll das Rätsel neugierig machen und Aufmerksamkeit wecken. Über das Produkt oder den Absender lässt man den Verbraucher meist im Ungewissen. Die Fusionskampagne eines Energiekonzerns ist ein Beispiel. Hier wurde mit roten Plakatflächen, ohne Logo, geworben. Die Auflösung des Rätsels erfolgte in einem zweiten Schritt. Vergleichbares ist selbstverständlich für Fließtexte denkbar.

Schlimme Alternative

Bei der schlimmen Alternative handelt es sich nicht um das direkte Gegenteil einer Sache, sondern um das Aufzeigen des schlimmsten möglichen Falls. Es geht nicht um einen Vergleich, sondern um die Wahl der besseren Alternative, ohne dass diese gezeigt werden müsste. Das Schlimmere legt fast automatisch das Bessere nahe und entwickelt dadurch Plausibilität. Die schlimme Alternative kann sich auch entlang einer Negativfigur entwickeln. Der Betrachter fühlt sich automatisch überlegen.

Symbolisierung
Wenn die Werbebotschaft über ein Sinnbild dargestellt wird, welches stellvertretend für einen anderen Sachverhalt steht, spricht man von Symbolisierung. Der Schotte im Kilt symbolisiert Sparsamkeit, der Fels in der Brandung bezeichnet Sicherheit und der Cowboy ist Symbolfigur für Freiheit und Abenteuer.

Testurteil
Das Testurteil ist eine Art Versuchsanordnung, in der eines oder mehrere Produkte getestet werden. Das Urteil wird durch das Testverfahren oder durch Personen (Experten/Verwender) getroffen, die ihre Meinung, positiv oder negativ, zu einem Produkt oder einer Dienstleistung abgeben.

Torture-Test
Dieser Beweis kann ernsthaft oder komisch werden und ist maßlos übertrieben. Sie haben die Wahl. Das Erreichen hoher Aufmerksamkeitswerte ist das dramaturgische Ziel. Die Anordnung entspricht meist einer experimentellen Situation. Abgehoben von der Realität, werden Extremsituationen gezeigt, in denen das Produkt sein Versprechen unter Beweis stellt.

Die totale Übertreibung davon führt uns zur Komik. Das überraschende Ergebnis der Überzeichnung lässt die Geschichten skurrile, slapstickhafte oder parodistische Züge annehmen.

Übertreibung (Hyperbel), Untertreibung (Understatement)
Viele der genannten Erzählungen neigen zur Übertreibung. Sie ist ein Wesensmerkmal vieler Geschichten. Übertreibungen sind Überhöhungen der Realität, die sich bis ins Absurde steigern. Die Überhöhung einer realen Situation verdeutlicht Zusammenhänge besonders aufmerksamkeitsstark. Gleiches gilt für die Untertreibung.

Vorher-Nachher
Gegenüberstellungen können sich nicht nur als Nebeneinander (Parallelisierung) präsentieren, sondern auch dem Muster Vorher-Nachher folgen. Dieses Muster demonstriert ein Versprechen oder einen Nutzen innerhalb eines chronologischen zeitlichen Verlaufs. Der Vergleich von einem früheren zu einem späteren Zeitpunkt, oder umgekehrt, ist Grundlage der Plausibilität. Häufig geht es dabei um den Gebrauch oder Nicht-Gebrauch eines Produktes oder einer Dienstleistung. Das Beispiel: „*Ein schwarzer Hund sitzt vor der Kamera. Nach einer Weile legen ihm zwei Hände ein Halsband an. Plötzlich sieht man Hunderte von schwarzen Flöhen und Insekten von seinem Fell springen, bis sein wahres weißes Fell zum Vorschein kommt. Die Packung wird eingeblendet: Insektenhalsbänder für Hunde.*“

Weitere Bausteine des Creative Game Gestaltungsprogramms sind:

3. Basis-Erzählstrukturen

Einbettung, eine Geschichte, wie eine Insel, in einer anderen Geschichte
Episodengeschichten
Gegenwart, Bewusstmachung und Ausdehnung der Jetztzeit
Parallelisierung
Rückgriff in die Vergangenheit
Serielle Geschichten, Geschichten mit Seriencharakter
Vorgriff, der Sprung in die Zukunft
Zeitraffung
Zeitdehnung

Die nächsten Bausteine des Creative Game Gestaltungsprogramms sind:

4. Werbefilm-Genres

Im Genre werden immer wiederkehrende Muster, Erzählstrukturen, Handlungsmotive und Figurenkonstellationen verwendet. Der Werbefilm ist ein eigenständiges Genre mit vielen Sub-Genres, dessen Erzählstrukturen sich besonders gut für die Adaption eignen.

Demonstration

Die Demonstration ist ein vielfältiges und häufig wiederkehrendes Sub-Genre des Werbefilms. Das Grundschema ist das Prinzip Behauptung-Beweis oder seine Umkehrung Beweis-Behauptung. Vorher-Nachher-, Mit-Ohne oder gegenteilige Situationen demonstrieren Wirkung. Hierzu haben Sie bereits einige Plausibilitätsmuster gelesen. (s.o.)

Bei der Demonstration werden erzählerische Ausschweifungen meist radikal abgekürzt. Sie kann auch nur als Sequenz in eine andere Erzählstruktur eingebaut sein. Häufig gesehen und gelesen in der Waschmittel-, Hygiene- oder Kosmetik Werbung.

Humor/Slapstick
Die Bandbreite humorvoller Darstellungen ist mannigfaltig und reicht vom Slapstick über die Parodie, die Satire oder die Komödie bis hin zum schwarzen Humor und Nonsens. Das Beispiel: *„Ein Mann mittleren Alters sitzt in einem Fotoautomaten und legt seine wenigen Haare zurecht. Eigentlich hat er eine Glatze, aber die einzige Haarsträhne, die er noch besitzt, ist so lang, dass er sie von rechts nach links über seinen Kahlkopf legt, was ihm nicht richtig gelingen will. Er fummelt herum, überprüft sein Aussehen in der Linse der Fotokamera und posiert dabei für das Bild. Endlich ist er fertig und sitzt in der richtigen Haltung, bereit für das Foto, aber nichts passiert. Irgendwas funktioniert nicht. Er lehnt sich zur Linse vor, um zu schauen, was los ist. Seine Strähne fällt ihm ins Gesicht und genau in diesem Moment löst der Blitz aus. Das ging schief. Abermals macht er sich bereit, überprüft den Sitz der Haarsträhne und legt sie über die Stirn. Dabei schneidet er zur Auflockerung seiner verspannten Gesichtmuskeln Grimassen, prüft seinen Gesichtsausdruck und ausgerechnet bei der blödesten Fratze löst der Blitz wieder aus. Erneut legt er die Strähne zurecht und posiert lächelnd, aber im Moment des Auslösens bricht sein*

höhenverstellbarer Sitz zusammen. Nur die Glatze ist auf dem Foto. Musik setzt ein und man hört, wie ein Streichholz gezündet wird. Der Mann bleibt in der niedrigen Haltung sitzen. Zigarrenrauch steigt auf. Der Voice-over sagt: ´Happiness is a cigar called Hamlot. The mild cigar.´"

Neben den überraschenden Wendungen leben humorvolle Geschichten in hohem Maße von der Besetzung der Rollen. Komische, schräge oder kuriose Typen hauchen den Geschichten Leben ein.

Kindergeschichte

Wenn im Mittelpunkt der Handlung Kinder stehen und der Protagonist oder Antagonist mit Kindern oder Babys besetzt ist, spricht man von Kindergeschichte. Der Liebreiz von Babys und Kindern führt zu hohen Sympathiewerten und das Kindchenschema löst Emotionen aus. Kinder sprechen Dinge an, die Erwachsene nicht zu sagen wagen. Gleiches gilt für Handlungen und deren Motive.

Besonders bei Produkten, die zunächst nichts mit Kleinkindern gemeinsam haben, kann die Besetzung überraschen und Kraft entfalten. Vor allem dann, wenn sie in die Rolle Erwachsener schlüpfen, sich wie diese verhalten oder ihre intuitive, emotionale, kindliche Intelligenz uns überwältigt. Das Beispiel: *„Ein Kleinkind sitzt in einer Babyschaukel und schwingt rauf und runter. Wenn es nach oben schwingt, lacht es und gibt einen Laut des Entzückens von sich. Wenn es nach unten schwingt, verzieht sich* *sein Gesicht und gibt Laute des Missfallens von sich. Direkt vor der Schaukel befindet sich ein geöffnetes Fenster. Draußen ist blauer Himmel. Die Kamera schaukelt jetzt mit und unterstützt die subjektive Sicht des Kindes. Es wird deutlich, dass immer, wenn das Baby nach oben schwingt, es aus dem Fenster blickt und im blauen Himmel ein Mc Du Zeichen sieht. Immer, wenn es zurück schwingt und nach unten schwebt, gerät das Schild aus seinem Blickfeld. Der Voice-over sagt: ´Have you had your break?´"*

Lifestyle

Lifestyle-Geschichten werden häufig als Form für elitäre Zielgruppen missverstanden. Lifestyle ist keine Sache des sozialen Standes, elitärer Zielgruppen oder des Geldbeutels, sondern eine Form, die einem Lebensstil Ausdruck verleiht und diesen zelebriert. Der Lifestyle verkörpert eine Lebenshaltung, und das Produkt ist ein Accessoire und Erkennungszeichen dieses Lebens. Die Menschen in diesen Geschichten sind meist Identifikationsfiguren und Projektionsflächen, die eine Lebenswelt vorspielen.

Die Lifestyle-Geschichten präsentieren eine Welt, die oft nur in Träumen oder Wunschvorstellungen existiert, oder das Gegenteil davon ist. Eine schöne bunte oder schmutzige Werbewelt, wo Lollis auf der Wiese wachsen, alle Menschen besonders schön oder schön hässlich sind und der Betrachter sich selbst entdeckt. Die Codes dienen dazu, dem Konsumenten Identifikationsmuster anzubieten, und er erkauft sich Identität und soziale Anerkennung.

Presenter

Der klassische Presenter stellt das Produkt vor und spricht über dessen Vorteile beziehungsweise dessen Nutzen. Er ist eine Person mit besonderer Kompetenz oder Seriosität. Oder auch nicht. Seine Prominenz erhält er weniger durch seine Vorgeschichte, als durch die Tatsache, dass er über lange Zeit der personifizierte Kommunikator der Werbebotschaft ist.

Häufig werden **Prominente** als Presenter eingesetzt, denn sie fungieren als Vorbilder und preisen ein Produkt an, hinter dem sie mit ihrer Kompetenz, ihrer Ausstrahlung und ihrem Namen stehen. Diese Eigenschaften sollen sich auf das Produkt und seine Leistung übertragen. Der Prominente kann zu schneller Bekanntheit und zum Imageaufbau oder -wechsel beitragen.

Der **Lookalike** ist eine Sonderform des Presenters. Die Protagonisten sehen Prominenten ähnlich und sind Doppelgänger derselben. Die Ähnlichkeit kann durch das Casting, Styling und Make-up herbeigeführt werden. Gelegentlich genügen auch authentische Drehorte oder Dialoge, um beim Betrachter die entsprechenden Assoziationen zur Person herbeizuführen. Die Lookalikes und ihr Schauspiel können Prominente parodieren und/oder sie im Kontext einer Handlung darstellen, die ungewöhnlich und für die wahre Persönlichkeit mitunter undenkbar wäre.

Das folgende Beispiel ist eine Lookalike-Geschichte: *„Die Queen steht in einem Zimmer, umringt von Dienern, und macht sich fertig für den Auftritt auf dem Balkon. Draußen wartet eine aufgeregte Menschenmasse. Auf dem Weg zum Balkon serviert ihr ein Diener auf einem silbernen Tablett eine Dose Koffein-Limonade. Sie nimmt diese, trinkt einen Schluck und fühlt sich sichtlich gestärkt. Dann nimmt sie Anlauf, stürzt auf den Balkon und springt mit den Armen voraus, wie bei einem Stage-Dive, über den Balkon von oben in die Menge. Laute Rockmusik setzt ein. Die Leute fangen die Queen auf und heben sie auf Händen über ihre Köpfe, als sei sie ein Rockstar. Ein Diener sagt: ´Be true!´ Ein Titel blendet ein: ´Change the script.´ Dann erscheint das Brause-Logo und der Claim: ´The choice of a new generation´."*

Product-is-hero

Beim Sub-Genre Product-is-hero nimmt das Produkt eine dominante Stellung in der Erzählung ein. Es behält diese zentrale Stellung über die gesamte Dauer der Geschichte. Das Produkt kann hier auch als Protagonist oder Antagonist verstanden werden. Das Produkt wird zum Helden oder Antihelden.

Kennzeichnend ist die starke Präsenz des Produktes von Anfang bis zum Ende. Das bedeutet, dass die Verpackung, Teile davon, oder Branding-Merkmale über die ganze Zeit der Geschichte deutlich erkennbar bleiben.

Bei der Konzeption von Product-is-hero Geschichten sind folgende Ereignisverläufe für die Erzählung nutzbar.

Wie motiviert das Produkt die Handlung?
Die Rolle des Produktes innerhalb der Erzählstruktur produziert fast automatisch Ideen.

Produktverwendung und -ersatz
a. Die ungewöhnliche Produktverwendung motiviert die Handlung.
b. Das Produkt transformiert sich selbst.
c. Die Geschichte rankt sich um eine ungewöhnliche Produktverwendung.
d. Das Produkt verändert seine Konsistenz und Form.
e. Das Produkt wird durch andere Produkte oder Ersatzhandlungen ersetzt.
f. Ein Ersatzprodukt oder eine Ersatzhandlung sprechen für das Original.

Jeder einzelne Satz kann Sie schon auf eine Idee für eine Geschichte bringen. Jeder Satz beinhaltet eine deutliche Textperspektive.

Erfolg durch Besitz des Produktes/Dienstleistung
Das Produkt bewirkt eine Situationsveränderung.
a. Der Erfolg durch den Besitz des Produktes motiviert die Handlung.
b. Das Produkt verändert die etablierte Erzählwelt und motiviert dadurch die Handlung. Das Produkt kann die Situation verbessern oder verschlechtern.
c. Der Wunsch nach Produktbesitz motiviert die Handlung.

Misserfolg durch Nicht-Besitz des Produktes/Dienstleistung

Der Nicht-Besitz oder der Verlust des Produktes und/oder die bloße Abwesenheit führen zu einer Situationsveränderung. Die Situation kann sich verbessern oder verschlechtern.

a. Die Abwesenheit des Produktes motiviert die Handlung.
b. Der Misserfolg durch den Nicht-Besitz des Produktes motiviert die Handlung.
c. Der Verlust des Produktes motiviert die Handlung.

Sex sells

Nicht wenige Geschichten arbeiten mit dem Thema Sexualität. Die Anziehungskraft und das Interesse an Sexualität liegen im natürlichen, instinktgesteuerten Fortpflanzungs- und Selbsterhaltungstrieb des Menschen.

Sexuelle Anspielungen erregen bei Frau und Mann Aufmerksamkeit und nutzen diese für das Versprechen. Gibt es eine nachvollziehbare Verbindung zum Produkt, kann sich die Anziehungskraft erotischer Reize auf seine Wirkung übertragen. Ein Beispiel: *„Ein junger Mann verlässt seine Wohnung und zieht sich im Flur ein Hemd über. Im Fahrstuhl sprüht er sich noch schnell mit einem Deodorant ein und verlässt beim nächsten Halt den Fahrstuhl. Gleichzeitig betritt ein junger, schmächtiger und schüchterner Mann den Aufzug zusammen mit einer jungen, attraktiven Frau. Jetzt sind die beiden alleine im Fahrstuhl und die Frau nimmt den Geruch im Fahrstuhl wahr. Sie denkt, der anziehende Duft ginge von dem schmächtigen Bübchen aus. Dieser schaut schon ganz verschüchtert und plötzlich kann sie sich nicht* *mehr halten, stoppt den Fahrstuhl und vernascht den Jungen auf der Stelle. Als sich der Fahrstuhl wieder öffnet, ist der Junge völlig zerzaust und die Frau verlässt befriedigt den Ort. Der Junge ist sichtlich irritiert, aber geschmeichelt. Als der Fahrstuhl sich wieder schließen will, wird die Tür von einem in Leder gekleideten Schwulen aufgehalten, der den Jungen erwartungsvoll ansieht. Dem Bübchen wird ganz komisch. Produktabbildung. Der Titel wird eingeblendet: Der A-Effekt."*

Slice-of-life

Das Sub-Genre Slice-of-life greift eine Geschichte mitten aus dem Leben auf. Ausgangspunkt ist die alltägliche Lebenssituation der Zielgruppen, was typisch für dieses Sub-Genre ist. Die Menschen, um die es geht, sind wie du und ich. Die handelnden Personen sind Menschen, mit denen man sich identifizieren kann oder möchte. Probehandeln wird demonstriert. Wann sage ich es wie? Wie sage ich was? Wie setze ich mich geschickt durch? Welche Argumente stehen zur Verfügung?

Das Versprechen wird eingebettet in Alltagssituationen. Die Geschichten sind meist so angelegt, dass sie die Emotionen des Betrachters ansprechen, weil die Identifikation und Wiedererkennung der Spielsituationen hoch ist. Das Produkt erscheint als Teil der Handlung – mitunter als Problemlöser.

Noch ein Beispiel aus der Messtechnik. Von Nico Ramser: Headline: *„Wahre Größe, leicht gemacht."* Sub.Headline: *„Blankenhorn Leichtbau-Messschieber für große Messspannen."*

Copy: „*D. Schneider landet mit dem Hubschrauber auf der Bohrinsel. Arbeit wartet auf ihn. Im Briefing informiert ihn der Techniker, dass ein Hydraulikdämpfer am Hauptkran Druckabfall anzeigt. Schneider zeigt auf drei Monteure: ´Ihr geht sofort den Ausleger hoch und baut den defekten Dämpfer aus.´ Minuten später legen die Monteure keuchend den defekten Zylinder Schneider vor die Füße. Im selben Moment wird über ihm der neue Dämpfer am Hilfskran herabgelassen. Beide liegen nun dicht nebeneinander vor ihm. Schneider: ´Wir müssen zuerst vom alten Dämpfer die exakte Länge messen um den neuen einzustellen. Bringt mir den 4.000er Messschieber!` Schnell ist mit der Feineinstellung die Gesamtlänge ermittelt und das Maß auf den neuen Dämpfer übertragen. Mit den Messerspitzen misst Schneider die Ringaufnahmen, um die Bolzendurchmesser zu ermitteln. ´80 mm´, murmelt er. ´Alles klar, Jungs. Fertig für den Einbau!´ Es ist Abend geworden. Schneider blickt über die Nordsee. Mit einem prächtigen Farbenspiel geht die Sonne am Horizont unter. ´Das sind die Momente, in denen ich meinen Beruf liebe.´*“

Testimonial

Im Testimonial treten Menschen auf, die Produktvorteile anpreisen und sich hinter das Produkt stellen. Es sprechen die tatsächlich überzeugten VerwenderInnen. Die Authentizität der Protagonisten ist oberstes Gebot. Es sind meist die Frau oder der Mann von der Straße. Das Testimonial entstammt ursprünglich der Marktforschung. Es entstand bei der Befragung von Hausfrauen zu Waschmitteln, wie sollte es anders sein, die man mit der Kamera aufzeichnete.

Typisch ist deshalb die Frage-Antwort-Situation. Das Testimonial spricht zu einem sichtbaren oder imaginären Interviewer. Der Tipp des Verwenders wirkt wie ein Hinweis von einem Nachbarn. Dabei sind die Authentizität der Verwender und deren Überlegungen, die zum Kauf führten, entscheidend.

Das Testimonial besitzt eine Art Autorität, die sich durch Lebenserfahrung oder Fachkompetenz auszeichnet und die für die Wahrheit und Relevanz der Botschaft steht. Der Informationsgehalt kann hoch sein, und der Zuschauer erfährt Details über die Anwendung und die Vorteile.

Hier sollte man zwischen Experten und Prominenten unterscheiden. Der Experte muss nicht prominent sein. Es genügt in den meisten Fällen, dass seine ausgewiesene Kompetenz ihn zum Fürsprecher einer Sache macht. Wenn Prominente als Testimonials auftreten, überwiegt meist die Ausstrahlung der bekannten Person.

Tiergeschichte

Die Werbung ist auf den Hund gekommen oder wie Bernice Kanner sagt: *„Advertising has gone with the dogs (...) not to mention cats, cows, alligators, penguines, elephants, rhinos, bears, and other creatures."* Der Tierspot ist ein Werbefilm Sub-Genre.

Tiere nehmen die Rollen von Menschen an oder agieren wie diese. Das ist in Werbegeschichten nicht anders als in Disneyfilmen. Die Faszination ist vergleichbar, und in Tieren und deren Handlungsweisen entdeckt sich der Zuschauer selbst. Es macht Spaß Tieren zuzusehen, denn wir vertrauen ihrer Unschuld und Unvoreingenommenheit. Tiere können aussprechen, was, von einem Menschen vorgetragen, lächerlich oder banal wäre. Die Geschichten besitzen, bis auf wenige Ausnahmen, Fabelcharakter. Tiere machten bereits Werbung für Krawatten und Schuhe.

Das Beispiel: *„Ein behagliches Kaminfeuer. Musik von den Shirelles ´Will You Still Love Me Tomorrow´. Die Tür zum Wohnraum öffnet sich und eine Bulldogge trottet hinein und legt sich schnaubend vor dem Kamin ab. Als nächstes schleicht eine schwarze Katze durch die Tür. Sie läuft quer durchs Zimmer und legt sich direkt neben die Dogge, gibt ihr einen Kuss und kuschelt sich neben sie vor den Kamin. Eine Maus tippelt durch den Türspalt und legt sich neben die Katze, gibt ihr einen Kuss und entspannt sich ebenfalls vor dem Feuer. Der Titel blendet ein: ´Now you know what people see in a real fire.´"*

Vergleichende Werbung
In der vergleichenden Werbung strebt man eine direkte Konfrontation mit dem Konkurrenten an und will ihn gezielt schlecht aussehen lassen. Es können dabei Produkte und ihre Leistungen zum Nachteil des Konkurrenten miteinander verglichen werden. Dieser Vergleich muss objektiv nachvollziehbar sein.

Die nächsten Bausteine des Gestaltungsprogramms sind:

5. TV- und Film-Genres

Die Erzählstrukturen der Film- und TV-Genres lassen sich leicht adaptieren. Plausibilität erzeugen die fest gefügten Genre-Konventionen, die beim Publikum als bekannt vorausgesetzt werden können.

Abenteuerfilm
Actiongeschichte
Agentengeschichte
Animation
Biografie
Detektivgeschichte
Dokudrama
Fantasy
Gangsterfilm
Gesellschaftsdrama
Horrorgeschichte
Katastrophengeschichte
Komödie (Comedy, Nonsens, Parodie, Slapstick, Schwarzer Humor, Sitcom)
Kriegsfilm
Krimi
Liebesgeschichte
Modernes Epos
Musical
Mystery
Polizeifilm
Dokumentation

Road Movie
Science-Fiction
Sportgenre
Thriller
TV-Formate (Quizshow, Reality TV, Unterhaltungssendung, Late Night etc.)
Trailer
Viraler Spot
Web TV
Western
Werbefilm im Kino, Werbespot für TV (siehe Werbefilm-Genre)
Zeichentrickfilm

Das Creative Game-Gestaltungsprogramm verlangt von Ihnen, dass Sie Ihr Erzählrepertoire sortieren, bereitstellen und aufladen. Stellen Sie neue Synapsen-Verbindungen her und festigen Sie bestehende.

Wie funktioniert die Adaption der TV- und Film-Genres?
Ein Genre ist nahezu selbst erklärend. Die Konventionen und Erzählstrukturen erzeugen Plausibilität für die eingebundenen Werbebotschaften. Folgende Adaptionen und Abwandlungen sind denkbar: Nach der Übersicht folgen die Beispiele.

Adaption von Spielfilm- oder TV-Genres
Genrebruch und -abwandlung
Genre-Parodie
Genre-Zitate
Genre-Kombinationen

Typisch für die Genre-Adaption ist, dass sich die Filme stringent an die charakteristischen Erzählkonventionen halten. Dabei genügen in der Regel schon wenige typische Strukturen, um das Genre zu etablieren. Für Erzählstrukturen aus Literatur und Journalismus gilt das Gleiche.

Die Adaptionen orientieren sich, wie jedes Filmgenre, an den von *Rick Altmann* aufgestellten Genre-Regeln – und damit am Publikum. Der Rezipient muss die Adaption als einem Filmgenre zugehörig erkennen. Zur Beurteilung dienen u.a. folgende Fragen: Was sind die besonderen Erwartungen des Publikums an Genre-Motiven und Genre-Vergnügen? Wie vertraut ist die Zielgruppe mit den Genre-Regeln? Wie werden die Botschaften von der Zielgruppe interpretiert?

Leider ist hier nicht genügend Raum für eine ausführliche Behandlung aller Adaptionsmöglichkeiten. Aber der Horizont ist weit. Lassen Sie Ihren Gedanken weiterhin freien Lauf, und Sie lesen zwischen den Zeilen mehr, als ich Ihnen versprechen kann.

Genre-Adaption am Beispiel Krimi

Die folgende Geschichte erfüllt die Aspekte einer Krimierzählung. Sie nutzt die Dramaturgie des Krimi-Genres und beginnt mit dem Komplott der Antagonisten. Darauf folgt ein Verrat und der Kampf des Protagonisten gegen die Verschwörerin und deren Mordversuch. Die Kameraeinstellungen, das Licht und die spannungsreiche Inszenierung ordnen sich ganz dem Genre unter.

Vor dem Triumph der Verschwörerin erfolgt die Demonstration der Produktwirkung, darauf folgt die überraschende Wendung und die Coda.

Eine Frau am Telefon. „Erledigt", hört man den unsichtbaren Gesprächsteilnehmer sagen. Sie nickt und legt, als sie ihren Mann die Stufen im Treppenhaus herunterkommen sieht, verstohlen den Hörer auf. Die schöne Diva öffnet ihrem Mann die Haustür. Er steigt in seinen Wagen. Sie winkt zum Abschied. Großaufnahme der Frontpartie des Autos mit Fokus auf das Rad. Während er losfährt, schaut sie ihm hinterher und schließt die Tür. Plötzlich hat sie es eilig. Sie läuft die Treppen hoch und zieht sich um. In der **Parallelmontage/Parallelisierung** *sieht man ihn im Auto. Er tritt auf die Bremse und erkennt, dass sie keine Wirkung zeigt. Das Pedal fällt nach unten durch, während er eine Serpentinenstrecke herunter rast. Seine Frau zieht sich derweil im Spiegel die Lippen nach. Es folgen gefährliche Lenkmanöver und Großaufnahmen der Reifen. Sie hat ein anderes Kostüm an und wirft Kleider in einen Koffer. Er nähert sich den Leitplanken und kann nur mit Mühe den Aufprall abwenden. Sie schließt den Koffer.*

Er entkommt um Millimeter dem Abgrund. Sie verlässt mit zwei Koffern das Ankleidezimmer, als Scheinwerferlicht eines Autos ins Haus fällt. Sie ist erleichtert und tritt mit den Koffern nach draußen. Sie erblickt ihren Mann, der soeben knapp dem Abgrund entgangen ist. Ihr Gesicht erstarrt. Sie ist bleich vor Schreck. Das Auto rollt in den Hof, das Vorderrad kommt groß ins Bild. Schrift wird eingeblendet: P. Reifen. Schrifteinblendung: „Packende Sache!"

Genre-Adaption am Beispiel Fantasy

Typisch für den Fantasyfilm ist, dass ein Protagonist (oder mehrere) von einer historischen Epoche in eine andere eintritt. Der Film erzählt vom Verhalten dieser Figur in einer ihr zeitlich und räumlich unbekannten Welt, unter ebenso unbekannten oder fremden Wesen.

In dieser Phantasiewelt sind das Wunderbare und das Unheimliche beheimatet. Der Held muss dabei Prüfungen bestehen und sich in der imaginären Welt behaupten. Er operiert dabei mit einer Lösungsformel oder einem Gegenbann, der ihn befreit, schützt oder Probleme löst.

Ein Hund verlässt ein Haus durch die Eingangstür und läuft über den Vorgarten in ein Waldstück. Dort bleibt er in einem Lichtkegel stehen und wird plötzlich von einem Raumschiff über ihm nach oben „gebeamt". Das unbekannte Flugobjekt verlässt die Erdatmosphäre, fliegt zu einer fremden Galaxie und landet auf einem Planeten. Der Hund betritt ein riesiges Audimax, ähnlich dem Kongress in „Episode 1". Hunderte Außerirdische warten auf ihn. Der Hund tippt mit seiner Pfote an sein Halsband und der Hundekopf löst sich vom Körper. Der Kopf eines Außerirdischen kommt zum Vorschein. Dieser ist erleichtert über das Ende der Maskierung und streift sich das Hundefell ab. Der Anführer spricht ihn an: „What have you learned on earth?" Alle warten gespannt auf die Antwort. Er konzentriert sich einen Moment und brüllt mit tiefer Stimme: „Whassup!" „Whassup?", wiederholt der Oberste mit großem Fragezeichen im Gesicht. Zwei Außerirdische auf einem Balkon äffen das „Whassup" nach und lachen sich krank. Plötzlich lacht die ganze außerirdische Meute und brüllt im Chor „Whassup". Eine riesige Satellitenschüssel auf der Erde. Der Chor der Außerirdischen wird eingefangen. Ein Techniker hört die Stimmen auf dem Kopfhörer und sagt: „Oh man, we are not alone." Das B. Logo und der Schriftzug „True" blenden ein.

Ereignis und Tilgung sind gleich gewichtet. Die Story nimmt mehrere unerwartete Wendungen hintereinander. Die Geschichte erfüllt alle Konventionen des Fantasy-Genres. Der Hund verlässt seine Welt und begibt sich auf einen Transfer in eine andere Epoche. Dort angekommen, ist er zunächst ein Fremder in einer Phantasiewelt. Die Handlung ist in sich geschlossen und plausibel. Die Erzählstruktur des Genres läuft konsequent auf die Lösungsformel. »Oh man, we are not alone«

Genrebruch am Beispiel Western

Der Genrebruch vertraut auf die Erzählstruktur eines Genres und bricht absichtlich mit den Konventionen desselben. Die erzählerische und dramatische Struktur des Genres und die damit verbundenen Erwartungshaltungen werden für überraschende Wendungen genutzt.

Im Western geht es um Eroberung, Kämpfe und die Aufarbeitung der historischen Landbesetzung von Ost nach West. Das Grundmuster für das Western-Genre ist eine Geschichte des Heldentums. Der Western gewinnt durch das stille Heldentum der Rancher, Cowboys, Sheriffs, Eisenbahnarbeiter und Siedler. Im Western ist jeder, der auf der Seite des Guten steht, auf seine Art ein Held. Der Wilde Westen ist Hoffnung. Er war Hoffnung für den jungen Einwanderer, der im Westen Bewährung und Heimat fand, und er ist Hoffnung für die Leser und Zuschauer.

Die nächste Geschichte zeigt das Gegensatzpaar Gut-Böse. Die Geschichte nutzt das Rollenmuster des Western und kehrt es mit der überraschenden Wendung um.

Titeleinblendung: Little Rock. Zwei Cowboys stehen des Morgens auf. Der schöne, saubere, heroische und der fettleibige, verwahrloste, fiese Typ. Während der schöne Held noch von seiner Geliebten angehimmelt wird und den Sitz seines Hemdes im Spiegel überprüft, ist der Fiesling neben einer hässlichen Frau aufgewacht. Als er sich ihrer gewahr wird, wirft er das Betttuch gleich wieder über sie. Der Fiesling begibt sich erst einmal in den Saloon, von wo er nach einem ersten Frühstückswhiskey auf die Straße tritt und im Vorbeigehen einen kleinen Hund wie einen Fußball auf die Straße kickt. Der Held geht stolz seines Weges und hilft schnell noch einer Oma über die Straße, bevor sich beide, Held und Anti-Held, auf der verstaubten Straße begegnen. Sie stehen sich nun zum Showdown, dem klassischen Revolverduell, gegenüber. Der Schöne posiert in der Sonne und lockert nochmals seine Fingerspitzen. Der Fiesling erschießt kurzerhand den Schönling, lacht und bohrt sich in der Nase. Das D. Logo und der Slogan blenden ein: „For Successful Living."

Der Bruch mit dem Genre erfolgt im Moment der Tilgung. Die Marke verhält sich non-konform und verstößt gegen eine Norm, die durch das Genre vorgegeben wurde. Diese Form der Ironie und die damit verbundene Weise des Genrebruchs eignen sich besonders für den Imagewechsel.

Genre-Parodie

Die Parodie verzerrt und verspottet. Der humoristische Effekt entsteht durch die Diskrepanz zum Original in Verbindung mit überraschenden Erzählperspektiven. Z.B. das Remake eines Heimatfilmes als Parodie.

Übung: Malen Sie sich ein Beispiel aus. Sie haben 5 Minuten Zeit

Genre-Zitat am Beispiel Gangsterfilm

Der Werbespot kann ganze Sequenzen, Symbole, Figuren oder alle anderen visuellen und auditiven Signale des Films zitieren. Im Rahmen des Zitates werden Teilaspekte eines Genres aufgegriffen, die schnelle Wiedererkennung gewährleisten.

Das folgende Beispiel ist ein Zitat auf die Stimme und Sprechweise von Marlon Brando in: »Der Pate«. Haben Sie die Stimme im Ohr. Er auf seinem Sessel hinter dem Schreibtisch, abgedunkeltes Büro, Tampons in den Backen!

Ein Opa kommt mit seiner kleinen Enkelin in ein italienisches Restaurant. „Welcome folks", sagt der Barmann. „Large peperoni Pizza", erwidert der Großpapa. „A Pepsi, please", sagt die kleine Enkelin mit niedlicher Stimme. Der stämmige Barmann schaut zu ihr über den Tresen herab und sagt: „A Pepsi, sure dear curly." Aus dem Zapfhahn zapft er ein Glas Coca Cola und stellt es vor ihrer Nase auf dem Tresen ab. „Here we go, cookie." Das Mädchen trinkt einen Schluck, verzieht das Gesicht und macht eine abwertende Geste in Richtung des Glases. Plötzlich spricht sie mit der Stimme des Paten, aus dem gleichnamigen Film, zum Barmann: „Hey, come here, I want you to listen very carefully to what I'm going to tell you." Die Gäste im Lokal hören auf zu essen und blikken zur Bar. „We both know I ordered a Pepsi Cola...", der Hilfskoch kaut nervös auf seinem Kaugummi und der Barmann blickt das Mädchen ungläubig an „... and now you insulted me and my entire family by offering me this." Der Barmann starrt sie wie hypnotisiert an und sie macht eine abfällige Handbewegung zum Coca Cola Glas und spricht weiter: „What is this. I've been a civilized person. I'd like to give you a chance to make amends, capice?" Der Barmann nickt unterwürfig und holt eine Dose Pepsi hervor, die er ihr hinstellt. „Here we go", sagt er. Die Gäste im Lokal verfolgen gebannt die Szene. Das Mädchen nimmt die Dose, sagt wieder ganz süß in ihrer Mädchenstimme „thank you" und trinkt. In diesem Moment platzt die Kaugummiblase des Hilfskochs mit lautem Knall. Alle Gäste stürzen unter die Tische inklusive des Barmanns. Die Musik setzt ein. Das Mädchen genießt die Pepsi und sagt, nachdem alle wieder unter den Tischen und dem Tresen hervorgekommen sind: „Grazie." Das Pepsi Logo und der Claim „The Joy of Cola" blenden ein.

Im Grunde handelt es sich hier um vergleichende Werbung in einer konkreten Testsituation. Der Kontrast Pate und Mädchen erzeugt beim Betrachter einen komischen Effekt. Zwei Wirklichkeiten entstehen. Die Stimme des Mädchens, ihr Gestus und der Inhalt ihres Monologs zitieren Marlon Brando in »Der Pate«. Das Mädchen als Pate erzeugt Spannung und entwickelt beim Barkeeper Betroffenheit, Angst und Unterwerfung.

Der Monolog ist erste Sahne. Eine Rede mit unverkennbaren Zwischentönen, Doppeldeutigkeiten und Motiven. Der Monolog beginnt mit dem eindringlichen Hinweis „listen carefully", der dem Barkeeper die Ernsthaftigkeit der Situation nahe legt. Der zweite Punkt ist die Anspielung, das auslösende Ereignis, auf den Täuschungsversuch „We both know I ordered a Pepsi Cola". Dann macht ihn das Mädchen auf die verletzte Familienehre aufmerksam, das Ziel, ein starkes Handlungsmotiv vieler Mafiageschichten, „and now you insulted me and my entire family". Sie appelliert an ihre Unschuld, „I've been a civilized person", und räumt ihm großzügig die Möglichkeit ein, dieses kleine Missverständnis aus der Welt zu schaffen. „I'd like to give you a chance to make amends, capice!“ Dies ist übrigens auch ein gelungenes Beispiel für einen Monolog.

Genre-Kombination am Beispiel Live-Reportage und Komödie
Das folgende Beispiel ist eine Mischung aus Live-Reportage und komischem Film. Im Prinzip können alle Genres miteinander kombiniert werden.

Das Besondere der **Live-Reportage** ist das hohe Maß an Glaubwürdigkeit durch die Authentizität der Live-Bilder, Live-Kommentare, subjektive Kameraführung und dokumentarische Elemente.

Die **komische Situation** entsteht durch zwei gegensätzliche Wirklichkeiten. Dabei prallen gegensätzliche Wertesysteme oder Wahrnehmungen aufeinander, deren Widersprüche der Held verkörpert und auslebt. Der Held ist hoffnungslos in diesen Konflikt verstrickt. Aus Regelverstößen schöpft er Kraft und befindet sich im Widerspruch zum Etablierten. Sein subjektiver Glücksanspruch steht gegen jede rationale Vernunft. Der Betrachter behält dabei den Überblick und hält Distanz zum komischen Verhaltenskodex. Dadurch ist es ihm möglich, ein Urteil zwischen vernünftig und unvernünftig zu fällen.

Das folgende Beispiel ist so konzipiert, dass die Konventionen der Live-Reportage als Plattform zum Spannungsaufbau genutzt werden. Im Moment der überraschenden Wendung nimmt der Film eindeutig komische Züge an.

Eine Verfolgungsjagd über Parkplätze und Straßen zwischen einem Polizeiwagen und einem Pkw, von einem Hubschrauber aus beobachtet . Der Live-Kommentar des Hubschrauberpiloten ist zu hören. „Look at this, here it goes again. Suspect is now hitting back up Washington... wait a second he is driving in a parking lot. It's a Don Donut." Der verfolgte Wagen fährt auf einen Parkplatz eines Imbisses und der Polizeiwagen hinterher. „Suspect is out of the car. Looks like he is going in here." Der Verfolgte rennt in den Imbiss und der Polizist aus dem Polizeiwagen hinterher. Der Co-Pilot sagt: „Hang on, hang on, here they come." Der Pilot: „They're heading out again!" Nach kurzer Zeit kommen sie wieder herausgerannt. Jeder von ihnen hält eine Tüte in der Hand. Sie springen in ihre Autos und die Jagd geht weiter. Voice-over: „No matter how crazy morning is. It´s always time for our bagle, creamcheese and coffee." Packshot: Ein Becher mit der Aufschrift Don Donuts und ein Bagle mit Streichkäse. Stimme des Hubschrauberpiloten: „I don't believe this."

Die Verfolgungsjagd vom Hubschrauber aus garantiert Live-Action und offenbart Parallelen zum Polizeifilm und Sensationsjournalismus. Unterstützt wird das Drama durch den Live-Kommentar des Hubschrauberpiloten. Im Moment der überraschenden Wendung, der kurzen Pause zum Frühstückholen, nimmt der Spot komische Züge an. Der Werbekommentar erzeugt Plausibilität hinsichtlich des Zwecks der Erzählung und des Versprechens.

Zusammenfassend lässt sich sagen, dass die Konventionen eines Genres, sobald sie sich in der Erzählung entfalten, Plausibilität erzeugen.

Wird die Struktur missachtet, kann es sich um einen absichtlichen Genrebruch oder eine Abwandlung handeln. Der Bruch der Konvention wird für das auslösende Ereignis oder seine Tilgung genutzt.

Bei der Genre-Kombination kann zunächst kein Genre ausgeschlossen werden. Vermischung ist grundsätzlich möglich. Die Fragen zur Überprüfung sinnvoller Kombinationen lauten: Zu welchem erzählerischen Zweck und mit welchem Ziel werden Genres kombiniert und welche Genre-Konventionen sind plausibel?

Übung: Creative Game-Gestaltungsprogramm

Zur Erinnerung. Das Creative Game-Gestaltungsprogramm ist eine Kreativtechnik der Synektik. Bei der Reizwortanalyse wurde ein Wort auf ein Versprechen gezwungen, *Force fit*. Jetzt zwingen Sie eine Erzählstruktur auf das Briefing oder zentrale Versprechen! Das machen wir jetzt.

Alle Erzählstrukturen noch einmal im Überblick:

Erzählstrukturen aus Literatur und Journalismus

Bericht
Essay
Feature
Gerichtsdrama
Glosse
Interview
Kommentar/Kolumne
Kritik
Kurzgeschichte
Leserbrief
Nachricht
Poesie, Gedicht
Porträt
Reportage
Roman

Plausibilitätsmuster

Aktualität
Analogie
Beispiele für Erfahrungen, Traditionen oder Mehrheiten
Experiment und Demonstration
Gegenteiliges/Antithese
Gegenüberstellung
Lüge
Metapher

Misserfolge und Fehler
Mit-Ohne oder Ohne-Mit
Problem - Lösung. Lösung - Problem
Rätsel oder Teaser
Schlimme Alternative
Symbolisierung
Testurteil
Torture-Test
Übertreibung (Hyperbel), Untertreibung (Understatement)
Vorher-Nachher

Basis-Erzählstrukturen
Einbettung
Episodengeschichten
Gegenwart
Parallelisierung
Rückgriff in die Vergangenheit
Serielle Geschichten
Vorgriff, der Sprung in die Zukunft
Zeitraffung
Zeitdehnung

Werbefilm-Genres
Demonstration
Humor/Slapstick
Kindergeschichte
Lifestyle
Presenter

Product-is-hero
Sex sells
Slice-of-life
Testimonial
Tiergeschichte
Vergleichende Werbung

TV- und Film-Genre
Abenteuerfilm
Action Geschichte
Agenten Geschichte
Animation
Biografie
Detektiv Geschichte
Doku-Drama
Fantasy
Gangsterfilm
Gesellschaftsdrama
Horror Geschichte
Katastrophen Geschichte
Komödie (Comedy, Nonsens, Parodie, Slapstick, Sitcom, etc.)
Kriegsfilm
Krimi
Liebesgeschichte
Musical
Mystery
Polizeifilm
Dokumentation

Road Movie
Science-Fiction
Sportgenre
Thriller
TV Formate (Quizshow, Reality TV, Late Night etc.)
Trailer
Web TV
Western
Werbefilm im Kino, TV oder viral im Internet, s.o.
Zeichentrickfilm

Jeder Teilnehmende erhält nach dem Zufallsprinzip eine

Erzählstruktur aus Literatur und Journalismus oder ein
Plausibilitätsmuster oder eine
Basis-Erzählstruktur oder ein
Werbefilm-Genre oder ein
TV-Genre oder ein
Film-Genre
aus dem Gestaltungsprogramm zugewiesen.

Übung: Ist Ihr Ziel eine Story für den Langtext, dann schreiben Sie jetzt auf Basis der ausgewählten Erzählstruktur eine Geschichte über Ihr zentrales Versprechen und alle dazu gehörenden Argumente.

Für Promotion RedakteurInnen aus dem Bereich Fernsehen hört sich die Aufgabenstellung wie folgt an.

Übung: Schreiben Sie auf Basis des Gestaltungsprogramms ein Trailerkonzept, Länge 30 Sekunden, für die große TV-Poker-Show.

Die ausgewählten Ergebnisse zeigen, wie es funktioniert und wurden im Rahmen der Eyes & Ears Academy zum Thema *Werbespotkonzeption & virales Marketing,* im Februar 2008 in Köln, entwickelt.

Analogie 1

Fünf Heavy-Metal Gitarristen stehen im Kreis. Sie sind angespannt und beobachten einander argwöhnisch. Keiner will mit dem Einsatz beginnen. Langsam und zaghaft spielt einer los. Die anderen setzen nach und nach ein. Eine Saite reißt. Ein Ton klingt falsch. – Stille – Off-Sprecher: *„Nichts für Falschspieler – TV-Poker-Show."*

Analogie 2

Zwei Cowboys machen sich zum Duell bereit. Sie gehen langsam aufeinander zu, in der Mitte steht ein Geldkoffer. Die Gesichter sind angespannt. Ein Schuss fällt. Szenenwechsel. Man sieht die hoch konzentrierten Gesichter einer Pokerrunde, in der Mitte liegen Geldscheine. *„Das Spiel ist neu, aber die Regeln bleiben gleich, TV-Poker-Show."*

Animation

Sechs Animationshühner aus Knete sitzen um einen Tisch. Jedes Huhn ist mit einer Maske verkleidet. Ein Huhn hat eine

Sonnenbrille und einen Hut auf, ein anderes trägt eine Gurkenmaske, ein drittes hat einen Kasten auf dem Kopf. Ein siebtes Huhn steht am Tisch und hat offenbar eine Aufsichtsfunktion. Die Hühner unterhalten sich und schieben dabei Teller, Tassen, Untertassen und Besteck hin und her. In den Klatsch mischen sich Pokerbegriffe und langsam wird klar, dass die Hühner eine Art Kuchenpoker spielen. Die Partie wird immer heftiger und eskaliert schließlich. Die Hühner reißen sich die Masken vom Kopf und fallen übereinander her. *„Echte Pokerfaces gibt's bei TV-Poker-Show."*

Beispiel aus Erfahrung
Mustermann und seine Partnerin gehen zusammen in die Oper. Mustermanns Handy klingelt mit Vibrationsalarm. Er verlässt die Oper. Auch andere Männer verlassen nach und nach den Saal. Mustermanns Partnerin genießt die Oper. Mustermann setzt sich mit den anderen Männern an den Pokertisch. *„Wussten Sie, dass fast neben jedem Opernhaus eine Spielbank steht? TV-Poker-Show."*

Experiment
Ein Paar sitzt am Tisch. Sie fragt ihn: *„Schatz, hast du mich schon mal betrogen?"* Er schaut hin und her, setzt ein Pokerface auf und sagt: *„Nein."* Ein Roboterarm ersetzt die Frau durch einen Mann, der fragt: *„Hast Du mir die 100 Euro schon zurückgegeben?"* *„Ja"* Off-Sprecher: *„Wissenschaftlich erwiesen: Pokern hilft ihnen im Alltag. TV-Poker-Show."*

Gegenüberstellung

Ein Billardtisch. Es herrscht äußerste Ruhe und Konzentration. Der Queue stößt die Kugel an. Eine langweilige Stimme kommentiert das Geschehen. Der Boden geht auf und der Billardtisch fliegt aus dem Bild. Ein Pokertisch kommt aus dem Boden und die fünf Spieler im Smoking setzen sich an den Tisch. *„TV-Poker-Show. Langeweile war gestern."*

Gegenteiliges

Junge Frauen sitzen beim Kaffeeklatsch. Mustermann sitzt leidend und gelangweilt zwischen ihnen. Eine Frau fragt Mustermann: *„Schätzchen, machst Du uns noch einen Kaffee?"* Mustermann zieht die Tischdecke vom Tisch. *„Schluss mit Weiberkram."* Darunter kommt ein Pokertisch zum Vorschein. Epilog: Mustermann sitzt mit einer Zigarre im Mund am Pokertisch. Die Frauen von der Kaffeerunde sitzen jetzt als sexy Bunnys neben ihm.

Key Visual Spot

Eine Frau geht ihrem Mann auf die Nerven. Sie spült und sagt zu ihm, er solle den Müll wegbringen und sonstige Haushaltstätigkeiten verrichten. Der Mann zieht sich einen Smoking an. Die Frau nervt ihn weiter. Die Pik-Ass Karte klatscht auf den Mund der Frau. *„Sei ein Mann und spiel Poker."* Der Mann setzt sich vor den Fernseher und schaut die TV-Poker-Show.

Kindergeschichte

Kinder sitzen brav am Tisch und spielen gelangweilt ein Gesellschaftsspiel. Der Vater kommt dazu und schlägt ihnen Poker vor. Sie holen Schokotaler heraus und beginnen mit dem Pokerspiel. Der Vater spielt von Anfang an falsch und zockt die Kinder ab, bis sie heulen. Off-Sprecher: *„Irgendwann packt es jeden. Die große TV-Poker-Show."*

Misserfolg

Ein Mann bereitet sich auf seinen Fernsehabend vor. Er legt ein grünes Tuch auf seinen Couchtisch, schaltet den Fernseher ein und öffnet sich mit einem Feuerzeug eine Flasche Bier. Der Kronkorken fliegt in den Fernseher und zerstört den Bildschirm. *„Leisten Sie sich heute Abend keine Fehler. Die große TV-Poker-Show."*

Mit-Ohne / Ohne-Mit

Eine Hausfrau hört dreimal ihren Anrufbeantworter ab, auf dem sie sich absurde Ausreden ihres Mannes anhört, warum er später nach Hause kommt. Dieselbe Frau ist nun geschminkt und attraktiv und drückt auf ihrem Anrufbeantworter auf Löschen. Off-Sprecher: *„Bluffen ist angesagt, TV-Poker."*

Presenter

Mustermann steht in einem weißen neutralen Raum. Sein Partner kommt freundlich lächelnd auf ihn zu und verpasst ihm im Vorbeigehen eine Kopfnuss. Mustermann: *„Bei diesem Spiel muss man klaren Kopf bewahren."* Ein anderer Mitspieler tippt Mustermann an und gibt ihm einen Nasenstüber. Mustermann: *„Man muss auf alle Tricks gefasst sein."* Eine weitere Mitspielerin lächelt Mustermann an und tritt ihm das Knie zwischen die Beine. Mustermann: *„Am besten keine Gefühle zeigen."*

Ein letzter Mitspieler geht auf Mustermann zu und küsst ihn. Mustermann: „*Trau keinem.*“ Off-Sprecher: „*Das härteste Spiel aller Zeiten – TV-Poker-Show.*“

Rückgriff / Vergangenheit
Fünf Ganoven, die Teilnehmer der Pokerrunde, sitzen gemeinsam am Tisch in einem schmutzigen Saloon. Es herrschen raue Sitten. Off-Sprecher „*Wenn gestern heute wär...!*“ Es fällt ein Schuss. Off-Sprecher weiter: „*Ehrlichkeit keine Rolle mehr spielt...!*“ – Ein Mitspieler blickt seinem Nachbarn in die Karten. Off-Sprecher: „*Und jeder sich selbst am nächsten steht...!*“ Mustermann zieht eine Karte aus dem Ärmel. Off-Sprecher: „*Dann ist Zeit für die TV-Poker-Show.*“

Schlimme Alternative
Ein Mitspieler und Mustermann sitzen gelangweilt mit drei älteren Damen an einem Tisch und spielen Karten, auf denen Katzen in Spitzen-Häkeloptik zu sehen sind. Das Wohnzimmer sieht alt und gutbürgerlich aus, mit Häkeldeckchen und dunklen Vorhängen. Verbrannte Kekse liegen in der Mitte des Tischs und dienen offensichtlich als Jetons. Der Mitspieler und Mustermann schauen sich frustriert an. „*Es geht auch spannender ...TV-Poker-Show.*“ Man sieht Pokergesichter und die beiden spielen wieder in der richtigen Szenerie. Epilog. Zwei der älteren Damen kneifen Mustermann in die Wange.

Sex sells

Mustermann sitzt mit drei attraktiven jungen Frauen am Tisch und spielt Poker. Mustermann verliert. Nach einer Schwarzblende fallen ein Hemd und eine Hose ins Bild. *„Heute Nacht fällt die Entscheidung: TV-Poker."*

Slice of Life 1

Ein Paar beim Sex. Der Mann bemüht sich. Die Frau ist sichtlich gelangweilt und schaut auf die Nachttischuhr. Diese springt auf 23.28 Uhr. Der Mann bemüht sich weiter. Die Frau schaut wieder auf die Uhr: 23.29 Uhr. Die Frau täuscht einen Orgasmus vor. *„Zeit zu bluffen."* Epilog: 23.30 Uhr: Beide sitzen vor dem Fernseher und schauen TV-Poker.

Slice of Life 2

23.00 Uhr: Mustermann und sein Partner sitzen im Café. Die Bedienung legt die Rechnung auf den Tisch. Die beiden schauen sich die Rechnung an, als würden sie beim Pokern die Karten aufdecken. Mustermann und sein Partner türmen Münzstapel auf den Tisch. Die Bedienung schaut verwundert. *„Zeit zu bluffen"* Epilog: 23.30 Uhr. Mustermann, sein Partner und die anderen Mitspieler sitzen am Pokertisch bei der TV-Poker-Show.

Slice of Life 3

Es ist drei Uhr morgens in einer kleinen urigen Kneipe in Bayern. Eine Skatrunde sitzt am Tisch und langweilt sich. Die Bedienung gähnt. Eine Fliege summt. Die Bedienung schaltet den Fernseher ein. Die Kamera zoomt in den Fernseher. Die TV-Poker-Show läuft. Logo. Epilog: Die Skatspieler sitzen in der Kneipe und sagen im Chor: *„Wir gehen mit."*

Testurteil 1

In einem Versuchslabor werden verschiedene Menschen an einen Begeisterungsdetektor angeschlossen und spielen unterschiedliche Spiele. Tipp Kick, Mensch ärgere dich nicht, etc., aber bei keinem Spiel schlägt der Detektor aus. Erst bei dem Pokerspieler zeigt der Detektor höchste Werte. *„Klinisch getestet, TV-Poker-Show."*

Testurteil 2

Ein paar Kinder spielen am Computer. Einige ältere Damen legen Canasta-Karten auf den Tisch. Männer spielen mit einer Carrera-Modellrennbahn. Eine Zuschauermenge sitzt auf der Tribüne und schaut der Pokerrunde mit Mustermann zu. Unter ihnen auch die Spieler von vorher, die begeistert und gebannt sind. *„Getestet von den härtesten Spielern der Welt, TV-Poker-Show."*

Tiergeschichte

Sechs verschiedene Tiere sitzen im Smoking an einem Tisch. Sie mustern einander mit argwöhnischen Blicken. Die Karten werden gegeben. Off-Sprecher: *„Die TV-Poker-Show. Das Event des Jahres. Schlaue Füchse und gerissene Hunde. Wer zieht wem das Fell über die Ohren. Wer knackt den Jackpot. All in. Die tierischste Pokernacht aller Zeiten. Zocken bis der Tierarzt kommt."* Dann werden die Stars vom Off-Sprecher genannt und man sieht jeweils ein Tier dazu.

Torture Test

In schwarz-weiß sieht man in Close Ups die Gesichter übermüdeter Mitspieler. Der Uhrzeiger kreist im Zeitraffer. Stunden vergehen im Flug. Beim Blick aus dem Fenster rast die Sonne über die Erde. Es wird erst Nacht und dann wieder Tag. Die Gesichter sind immer müder. Off-Sprecher: „*Sie haben es getan. Sie haben es oft getan.*“ Das Bild wird farbig. „*Sie werden es wieder tun, TV*-Poker-*Show.*“

Tradition

Die Pokerspieler sitzen im Smoking um einen Tisch. Ihre Finger spielen mit den Chips. Off-Sprecher: „*Warm machen zum Poker.*“ Die Promis legen Karten auf den Tisch. Einer sagt: „*Mau, vier ziehen.*“ Packshot: „*Dieses Mal wird es ernst.*“ Mustermann legt die letzte Karte: „*Mau-Mau.*“ Das Logo der TV-Poker-Show blendet ein.

Übertreibung

Die lachenden Gesichter der Mitspieler der Pokernacht werden groß gezeigt. Plötzlich werden alle Gesichter todernst. Off-Sprecher: „*Dieses Mal wird es ernst.*“ Man sieht, dass die Spieler mit überdimensional großen Flopycards spielen und riesige Micky Mouse Handschuhe anhaben. Einigen Spielern fehlen ein paar Finger. Off-Sprecher: „*Die große TV-Poker-Show.*“

Vergleich

Eine Sendung im Call-in-Show-Stil. Eine Person, wie ein Wahrsager, mit einer dunklen Kapuze legt Karten (Kartengeber). Er sagt zu Mustermann: *„Ich sehe Unheil und Unglück."* Zu einem anderen Mitspieler sagt er: *„Ich sehe Reichtum."* Der Off-Sprecher sagt: *„Lügen lohnt sich. Heute 22.30 Uhr, die TV-Poker-Show."*

Vorgriff

Der Psychoanalytiker blickt sorgenvoll auf Mustermann, dieser weint. Arzt: *„Herr Mustermann, jetzt reißen Sie sich aber zusammen."* Mustermann: *„Ich kann nicht mehr, diese Augen ... diese Augen ...!"* Man sieht eine Großaufnahme mit den Augen eines Mitspielers, die bedrohlich in die Kamera blicken. Off-Sprecher: *„Die große TV-Pokernacht. Nichts für Weicheier."*

Vorher – Nachher

Ein Mann und eine Frau sitzen gelangweilt vor dem Fernseher. Ihre müden Gesichter werden vom Bildschirm beleuchtet. Der Mann zappt durch die Programme. Man hört den Presenter für die Pokernacht und sieht den Titel. Epilog: Das Paar ist hellwach und fiebert mit. Freunde und Nachbarn sind zu Besuch gekommen und alle schauen zusammen die TV-Poker-Show.

Zeitdehnung

Close Up auf eine aufreizende Frau in Abendgarderobe. Ein Mann sitzt ihr gegenüber und kann seinen Blick nicht abwenden. Sein Gesicht bedeckt sich langsam mit Schweißperlen. Er wirkt erregt. Die Musik schwillt an, während sich der Ausdruck im Gesicht des Mannes steigert. Seine Augen werden größer. Als es fast unerträglich wird, reißt die Musik ab. Off-Sprecher: *„Immer locker bleiben."* Jetzt erst sieht man, dass die beiden

Poker spielen. Die Frau legt ihre Karten auf den Tisch und zieht eine Maske vom Gesicht. Darunter erscheint Mustermann. Logo TV-Poker-Show.

Die Prägnanz der Erzählmuster

Feststellbar ist, dass sich Kurzgeschichten auf klar erkennbare Strukturen beziehen, die sich über die ganze Geschichte erstrecken. Je deutlicher die Strukturen, Muster und Codes, desto verständlicher und überraschender die Präsentation der Botschaften.

Die letzte Übung: Schreiben Sie die Idee der Geschichte in einem Satz nieder.

In der Ideenfindungsphase genügt es, die Geschichte in einem Satz zu formulieren. Es hilft, die Textperspektive und die Idee im Ansatz zu überprüfen.

Beispiele:

- Der Erlkönig in Bullshit Sprache, als Gegenüberstellung
- Wer Bullshit schreibt, ist taub auf den Ohren, als Problem-Lösung
- Beim Übersetzen von Politikersprache in verständliche Sprache bleiben keine Inhalte zurück, als Antithese/Gegenteiliges
- Wenn man hören könnte, was sich der Leser beim Lesen von Bullshit wirklich denkt, als Fantasiegeschichte
- Otto Walkes redet Bullshit, als Slapstick

usw.

Flügel ausbreiten und losfliegen. Sie können es jetzt besser

Wer spielerisch kombiniert, kann Überraschungen erleben. Die Möglichkeiten kreativer Geister sind unendlich. Lernen Sie so viele Muster wie möglich kennen. Wer viele Muster im Repertoire hat, ist kreativer und kann spielerischer von ihnen abweichen. Muster entdecken Sie überall. Augen auf! Wir sind davon umgeben. Jetzt müssen Sie nur noch auswählen und verändern. Schreiben Sie los.

Von der Corporate Identity zur Corporate Language

Alle Aspekte dieses Buches verändern die Tonalität Ihrer Texte. Das Ergebnis ist ein neuer Schreibstil, der in der Corporate Language zusammengefasst wird. Die Notwendigkeit eines Corporate Designs hat mittlerweile jedes Unternehmen verstanden. Der Text erhebt den gleichen Anspruch wie Design.

Die Corporate Language beschreibt die Wirkung Ihres Unternehmens in Form von Text. Hierbei geht es nicht nur um Rechtschreibung, Zeichensetzung oder Wortlaut. Die Corporate Language verleiht dem Unternehmen in Wirtschaft und Gesellschaft Ausdruck. Sie schafft Zufriedenheit und Vertrauen beim Kunden. Sie inspiriert Mitarbeiter sowie Zielgruppen. Sie fördert die Identifikation nach Innen und Außen. Sie grenzt vom Wettbewerb ab und wird zum Alleinstellungsmerkmal. Corporate Language dient der Wiedererkennung und entwickelt Aufmerksamkeit. Sie beeinflusst die Produkt-, Dienstleistungs- und Unternehmensqualität. Und vereinfacht die Entwicklung von Texten.

Corporate Language ist wie gutes Branding. Sie ist allumfassend und behandelt vor allem die Konzeption von Texten: Briefe, Flyer, Broschüren, Newsletter, Internetauftritte, Anzeigen, Plakate, Produktinformationen, Packungstexte oder Gebrauchsanweisungen.

Finden Sie Ihre eigene Unternehmenssprache. Die folgenden Fragen dienen der Analyse des Ist-Zustandes Ihrer Texte.

Übung: Corporate Language-Fragetechnik

1. Ist der Text beschreibend oder erzählend?
2. Welche Story hat der Text?
3. Aus welcher Textperspektive wird erzählt?
4. Ist die Textperspektive überraschend?
5. Spricht der Text in Bildern?
6. Berührt der Text emotional und trifft er Einstellungen, Motive und Codes?
7. Ist der Fließtext dramatisch strukturiert?
8. Ist die Argumentation schlüssig und nachvollziehbar?
9. Erfüllt der Text die Kriterien des guten Stils?
10. Wie kann man die Text-Tonalität beschreiben?

Die Fragetechnik und Analyse ist der erste Schritt zu einer neuen Tonalität des Textes. Nach der Erfassung des Ist-Zustandes folgt die Formulierung des Soll-Zustandes. Die Entwicklung des Soll-Zustandes einer Corporate Language kann man sich in folgenden Schritten vergegenwärtigen:

1. Bedeutung der Corporate Identity für Texte
2. Wie soll die Corporate Language auf Leser wirken?
3. Zu welchem Zweck und für welche Medien werden Texte gestaltet?
4. Welcher Copy Strategy sollen die Texte folgen?
5. Welche Argumentation überzeugt?
6. Gibt es Geschichten, die sich aus Unternehmen oder Produkten ableiten?
7. Welche Geschichten sind konkret denkbar?
8. Wer schreibt und entwickelt die Texte?
9. Wie wird die Entwicklung und Beurteilung der Texte moderiert?
10. Der Corporate Language-Styleguide wird erstellt

Happy End.
Vielen Dank für Ihre Aufmerksamkeit

Literaturverzeichnis

ADC Deutschland: Sushi 11, Wenn der Text zu Wort kommt. Hermann Schmidt Verlag, Mainz 2009

ARD ZDF Medienakademie: Die Fort- und Weiterbildungseinrichtung der öffentlich-rechtlichen Rundfunkanstalten

Altman, Rick: Film und Genre. In: Geschichte des internationalen Films, Los Angeles 1989

Arden, Paul: Egal, was du denkst, denk das Gegenteil. Ehrenwirth Verlagsgruppe Lübbe, Bergisch Gladbach 2007

Benke, Dagmar: Freistil. Bastei Lübbe, Bergisch Gladbach 2002

Bordwell, David: Narration in the Fiction Film. Methuen, London 1985

Campbell, Joseph: Die Kraft der Mythen. Patmos Verlag, Düsseldorf 1994

Dachselt, Rainer u. Schwarz, Ingo u. Sprang, Stefan: Radio Comedy. UVK Konstanz 2003

Davis, Tom: Erfinder von Buzzword Bingo und Inspirator für das im Buch beschriebene Wortspiel Bullshit Bingo, 1993

Deighton, John u. Romer, Daniel u. Mc Queen, Josh: Using Drama to Persuade. In: The Journal of Consumer Research. An Interdisciplinary Quarterly. Bd. 16.1, hrsg. von Richard J. Lutz, University of Florida, Gainsville 1989

Eyes & Ears Academy: Die Fort- und Weiterbildungsangebote der Eyes & Ears Academy werden von Eyes & Ears of Europe veranstaltet. Eyes & Ears of Europe ist die Vereinigung für Design, Promotion und Marketing der audiovisuellen Medien. Seit mehr als zehn Jahren ist der Branchenverband die professionelle Kommunikationsplattform für alle diejenigen, die sich mit der strategischen Planung, Kreation, Umsetzung und Steuerung audiovisueller Kommunikation in TV, Film, Radio, Internet, Mobile, Games und Events befassen.

Gaede, Werner: Abweichen von der Norm. München 2002

Heiser, Albert; Bluhme, Bernd; Bosse, Wolf; Hochrein, Petra: Bleiben Sie dran, Konzeption, Produktion und Postproduktion von Werbespots, -filmen und Virals. Creative Game Verlag, Berlin 2009

Heiser, Albert: Das Drehbuch zum Drehbuch, Erzählstrategien für Werbespots, -filme und Virals. Creative Game Verlag, Berlin 2009

Herbst, Dieter: Storytelling. UVK, Konstanz 2008

Kanner, Bernice: The 100 best TV commercials - and why they worked. New York 1999

McKee, Robert: Story, Die Prinzipien des Drehbuchschreibens. Alexander Verlag, Berlin 2000

Ogilvy, David: Über Werbung. Econ, Düsseldorf 1984

Oppenheimer, Daniel (Princeton New Jersey) et al.: Journal of Applied Cognitive Psychology; ddp/wissenschaft.de, Martina Feichter

Reiners, Ludwig: Stilkunst. Ein Lehrbuch deutscher Prosa. C.H. Beck, München 2004

Reins, Armin: Corporate Language. Hermann Schmidt, Mainz 2006

Renner, Karl N.: Zu den Brennpunkten des Geschehens. Erweiterung der Grenzüberschreitungstheorie: die Extrempunktregel. In: Diskurs Film, Band 1, Strategien der Filmanalyse, München 1987

Schneider, Wolf: Deutsch für Profis. Stern-Bücher, Mosaik bei Goldmann, Hamburg, 1999

Sick, Bastian: Der Dativ ist dem Genitiv sein Tod. KiWi, Köln 2004 und Spiegel Online

Stanzel, Franz K.: Typische Formen des Romans. Göttingen 1964

Thompson, Hunter S.: Seltsame Berichte aus einer seltsamen Welt. Zweitausendeins 1985

Truffaut, Francois: Mr. Hitchcock, wie haben Sie das gemacht? München 1984

Vorhaus, John: Handwerk Humor. 1. Auflage, Zweitausendeins, Frankfurt 2001

Über den Autor

Dr. phil. Albert Heiser studierte Wirtschafts- und Gesellschaftskommunikation an der Universität der Künste, UdK, Berlin. Er arbeitete als Werbetexter und Kreativ Direktor bei den Agenturen Ogilvy & Mather, Saatchi & Saatchi und Dorland/Grey. Albert Heiser wurde für seine kreativen Leistungen vielfach ausgezeichnet. Er ist u.a. Dozent an der Hochschule für Technik und Wirtschaft und an der Universität der Künste Berlin für die Bereiche Werbetext und Werbespot-Konzeption. 2001 gründete er das Creative Game Institut. Albert Heiser trainiert und berät Unternehmen beim Management kreativer Prozesse und bei der Konzeption von Werbekampagnen.

Buchveröffentlichungen: **Bleiben Sie dran** Konzeption, Produktion und Postproduktion von Werbespots, -filmen und Virals (2009). **Das Drehbuch zum Drehbuch** Erzählstrategien für Werbespots, -filme und Virals (2009). **Nachhaltigkeit in 50 Sekunden** Das Handbuch für Werbespots zur Nachhaltigkeit (2004).

„May I live forever. May you live forever and a day.“

John Lee Hooker

Creative Game Institut Berlin

Gestaltung, Beratung und Moderation kreativer Prozesse

Intensivtrainings

Erzählstrategien im Werbespot, -film und Viral

Werbefilm Produktion und Postproduktion

Storytelling für Werbetexte

Das Drehbuch zum Drehbuch

Erzählstrategien für Werbespots, -filme und Virals

von Albert Heiser

Für Oscar, Bär und Löwe. Werbefilme mit dramatischen Storys feiern Erfolge auf Filmfestivals und treten Siegeszüge im Internet an. Gute Geschichten verkaufen besser. Keine Glaubensfrage, sondern ein Kreuzzug für den besseren Film.

Zurück auf Anfang. Gute Idee, aber schlecht erzählt – ein Horror. *Das Drehbuch zum Drehbuch* ist das erste Buch, das sich ausführlich der Dramaturgie von Werbefilmen widmet. Wie werden aus Ideen spannende Geschichten und wie schreibt man sie?

Ein Baukasten voller Ideen. Sie erfahren nicht nur warum, sondern vor allem wie eine gute Geschichte funktioniert. Das Buch deckt die dramaturgischen Strukturen ausgezeichneter Werbefilme auf und verdeutlicht die Erzählstrukturen bis hin zu kleinsten Erzählbausteinen. Die Vielfalt erzählerischer Variationen wird freigelegt.

Happy End. Über 100 Treatment-Beispiele veranschaulichen die dramaturgischen Ansätze. Das *Creative Game Gestaltungsprogramm* enthält Konstruktionspläne für die Storyentwicklung und funktioniert wie eine Kreativtechnik. Filmische Erzählmuster und -strategien werden bewusst und für die eigene Praxis nutzbar. Ihr Repertoire fürs dramatische Schreiben wird verfeinert und ausgebaut. Ein Muss für Film-, TV- und Content AutorInnen.

Creative Game Verlag, Berlin 2009 www.creativegame.de

ISBN 978-3-9809718-8-1 Euro 39,90

Bleiben Sie dran

Konzeption, Produktion und Postproduktion von Werbespots, - filmen und Virals

von Albert Heiser
Bernd Bluhme, Wolf Bosse, Petra Hochrein

Das Making-Of in Buchform

Der Blick hinter die Kulissen – von der ersten Idee bis zum fertigen Film. Welche Erwartungen knüpfen Kreative und Kunden an ein Filmprojekt? Wie werden Werbefilme konzipiert, präsentiert, und produziert? Wie findet man den richtigen Regisseur, die richtige Filmproduktion und die optimale Postproduktion? Das Buch schildert den vollständigen Prozess der Werbefilmproduktion. Von der Auftragsvergabe zur Produktionsvorbereitung über den Dreh, den Schnitt, die Bildbearbeitung 2-D oder 3-D und Postproduktion bis hin zur Abnahme des fertigen Films. Auf jeder Seite finden Sie wertvolle Hinweise und Empfehlungen für Produktionsabläufe der Praxis. Von Profis für Profis.

State of Production

Bleiben Sie dran ist das Standardwerk der Werbefilmproduktion. Damit das so bleibt haben es ausgewiesene Experten vollständig überarbeitet und auf die aktuelle und zukünftige Produktionspraxis angepasst. Das Buch wurde durch einen ausführlichen Postproduktions-Teil und Ausblick auf die Stereoskopie ergänzt. Interviews und Beiträge von Toni Froschhammer/Cutter, Kelvyn Hallifax/Komponist und Dr. Thomas Wind/Marktforscher, runden den Film ab.

Creative Game Verlag, Berlin 2009
www.creativegame.de

ISBN 978-3-9809718-2-9 Euro 39,90